y casgliad Answyddogol

Argraffiad cyntaf: Gorffennaf 1998

Hawlfraint y beirdd a'r Lolfa Cyf., 1998

Mae hawlfraint ar gynnwys y llyfr hwn ac y mae'n anghyfreithlon i atgynhyrchu unrhyw ran ohono (ar wahân i bwrpas adolygu) heb ganiatâd ysgrifenedig y cyhoeddwyr ymlaen llaw.

Cyhoeddir gyda chymorth ariannol Cyngor Celfyddydau Cymru.

Diolch i'r canlynol am gael defnyddio'u lluniau:
Keith Morris, Reuben Knitson, Gareth Thomas, Carl Wooliscroft, Roel Jacobs, Rolant Dafis, Cymdeithas yr Iaith a Marian Delyth.

Golygu: Elena Gruffudd
Dylunio: Owain Huw

Rhif Llyfr Rhyngwladol: 0 86243 459 9

Argraffwyd a chyhoeddwyd yng Nghymru gan
Y Lolfa Cyf., Talybont, Ceredigion SY24 5AP
ffôn (01970) 832 304
ffacs 832 782
e-bost ylolfa@ylolfa.com
y we www.ylolfa.com

y casgliad Answyddogol

cynnwys

Rhagair	6
Robat Gruffudd	8
Tim Saunders	14
Heini Gruffudd	16
Gwyn Edwards	20
Siôn Aled	23
Carmel Gahan	28
Gorwel Roberts	33
Elin ap Hywel	36
Cen Llwyd	42
Casi Jones	45
Lleucu Morgan	46
Iwan Morus	49
Derec Tomos	52
Sheelagh Thomas-Christensen	55
Iwan Llwyd	60
Lona Llewelyn Davies	64
Fryen ab Ogwen	70
John Rowlands	73
Steve Eaves	78
Martin Davis	85
Cris Dafis	87
Alun Llwyd	90
Ifor ap Glyn	95
David R. Edwards	101
David Greenslade	108
Elin Llwyd Morgan	111
Mererid Puw Davies	118
Cyfranwyr	**124**

rhagair

CYHOEDDWYD Cyfres y Beirdd Answyddogol gan Y Lolfa mewn 25 cyfrol dros yr ugain mlynedd rhwng 1976 a 1996. O'r dechrau cawsom ein poeni'n ddidrugaredd gan y cwestiwn: 'Beth yw Answyddogol?' Roedd yn air gwych i allu cuddio y tu ôl iddo: onid oedd y syniad o ddiffinio 'answyddogol' ei hunan yn beth swyddogol?

O leiaf, fel y gweddai i air mor negyddol, fe ddywedon ni, yn ein hysbys dros y gyfres, beth *nad* oedd y gyfres: 'Y Gyfres Unigryw o Farddoniaeth Newydd na noddwyd gan Gyngor Celfyddydau, Cyd-bwyllgor Addysg, Eisteddvod Vrenhinol na Mudiad o Fonopoli Barddol'. Mae'n debyg felly ein bod ni'n cynnig llwyfan i feirdd nad oedd yn cael eu hyrwyddo gan y cyrff addysgol/celfyddydol/diwylliannol hyn.

Efallai y dylen ni fod wedi ychwanegu'r Cyngor Llyfrau. Yn ôl trefn naturiol pethau, mae'r Cyngor yma yn rhoi grant cyhoeddi i'r rhan fwyaf o lyfrau Cymraeg poblogaidd. Ond fe wrthodon nhw roi grant i lawer o'r cyfrolau Answyddogol – nid am nad oedden nhw'n boblogaidd (fe werthodd ambell un mas!), ond am resymau eraill, yn ymwneud â 'safon' a 'chwaeth'. Efallai na ddylen i fod wedi synnu iddyn nhw wrthod grant i e.e. *Magnifikont*, ond do'n i ddim yn hapus o gwbl pan wrthodwyd grant i gyfrol mor ddisglair â *Holl Garthion Pen Cymro Ynghyd*.

Ond wedyn, sut allwn i gwyno, os oedd y cyfrolau yma'n wirioneddol 'answyddogol'? Onid oedd ymateb y Cyngor Llyfrau yn profi'r union bwynt?

Efallai. Ond, a minnau'n awr yn sgrifennu rhagair go swyddogol i'r gyfres i gyd, rhaid wynebu'r cwestiwn yr oeddwn i mor hoff o'i osgoi o'r blaen: oedd yna ystyr positif i'r gair? Wedi'r cyfan, mae'n anodd credu bod Y Lolfa'n wasg mor anhunanol ag i ddymuno dim mwy na chyhoeddi gwaith beirdd a wrthodwyd gan sefydliadau eraill. Sut oedden ni'n dewis pwy i gyhoeddi, – a (cwestiwn casach) pwy i wrthod?

Roedd yna dri prif beth, rwy'n credu. Yn y dechrau o leiaf, roedden ni'n chwilio am neges neu agwedd 'wleidyddol'. Roedd gwleidyddiaeth wastad yn agos at galon y wasg – a chalon y cyfnod, yng Nghymru. Wedyn roedden ni am gyhoeddi cynnyrch beirdd ifainc neu rai na chyhoeddwyd eu gwaith o'r blaen: un o'r pleserau mawr, o safbwynt y cyhoeddwr a'r awdur, oedd medru cyhoeddi cyfrolau cyntaf. Ac yn olaf, yr elfen weledol. Fe ddewiswyd y fformat sgwâr, pamffledol am ei fod yn rhad i'w gynhyrchu a'i werthu, ond hefyd er mwyn medru cynnwys lluniau ac addurniadau.

O edrych yn ôl, mae'n amlwg nad oes yna gysondeb. O dipyn i beth, fel y tyfai'r gyfres mewn nifer ac enwogrwydd, deuai mwy a mwy o gyfrolau i mewn yn ddigymell. Erbyn hyn, teimlaf i ni wrthod ambell un teilwng, a derbyn rhai a oedd efallai'n fwy celfyddydol na gwleidyddol. Ond o edrych yn awr ar y cymysgedd o destunau ac agweddau – mae yma gerddi serch eithriadol onest ac ingol, cerddi chwerw am ddiweithdra, ambell gyfrol a gyfansoddwyd dan ddylanwad rhyw fwg neu'i gilydd (o bosib), ac yna'r cyfrolau ffeministaidd ac unrhywiol eu hagwedd, sydd eto'n eithriadol o onest a ffres – rwy'n falch nad oedden ni'n rhy fanwl ein polisi.

Doedd e ddim yn benderfyniad hawdd i ddod â'r gyfres i ben. Nid y ffigyrau twt (25 cyfrol, 20 mlynedd) oedd yn gyfrifol, ond y sylweddoliad nad oedd y cyfrolau newydd oedd yn dod i mewn yn hanfodol wahanol i gyfrolau gan weisg eraill. Y trobwynt oedd cyhoeddi llyfr gan Gerwyn Wiliams mewn clawr caled y tu allan i'r gyfres. Doedd Gerwyn ddim am i'w gyfrol fod yn y gyfres: yn syml iawn, roedd y 'pwynt' o gyhoeddi yn y gyfres wedi mynd.

Rwy'n falch iawn inni allu cael dau o genhedlaeth tipyn iau na mi i olygu a dylunio'r casgliad hwn. Elena Gruffudd a ddewisodd y cerddi, ac fe ddetholodd ac addasodd Owain Huw y lluniau heb gadw'n dynn at y cysylltiadau gwreiddiol. Mae eu llafur wedi creu cyfanwaith newydd a fydd, rwy'n gobeithio, yn lledaenu awen – a neges – y beirdd yma i gynulleidfa newydd sbon.

Dyma hi, felly, y brad terfynol: y gyfrol Swyddogol Answyddogol, cyfrol clawr caled a noddwyd gan y gelyn ei hun: y KKK, Kyngor Kelvyddydau Kymru! Neu ydi e'n frad? Wel, mae'n dibynnu beth y'ch chi'n feddwl wrth 'swyddogol'…

ROBAT GRUFFUDD
Mehefin 98

Trên y Chwyldro

Tyrd am dro yn Nhrên y Chwyldro,
  Tyrd am dro i fyd sydd well,
'Sneb a ŵyr trwy ba orsafoedd,
  'Sneb yn gwybod pa mor bell.

Rho dy hunanoldeb heibio,
  Gad yr hen barchusrwydd fod,
Clyw y gârd yn canu'r chwiban,
  Clyw yr alwad iti ddod!

Bydd y siwrne'n hir, anesmwyth
 – Trwy gaeau gwyrddion a thwnelau du –
Falle bydd y lein yn yfflon,
  Falle bydd ystormydd lu.

Ond cei wefr a phur gyfeillach
  Ac fe gei y sicr ffydd
Y bydd cyrraedd, rhyw ddiwrnod
  Orsaf eang Cymru Rydd!

Bywydeitis

Os byth y'm daliwch
yn rhoi sws i 'Lystan
yn trio hedfan
yn codi castell o dywod a menywod
yn argraffu ar flode 'da inc mas o win
yn cyhoeddi Annibyniaeth Talybont a Joni'r Efel yn Cwîn –
Wel nolwch y Doctor neu nolwch yr Haul
– bydda i'n wael
'da Bywydeitis

Neu os bydda i byth
yn dyfeisio pilsen i droi'r taeog yn iach
a'i roi ym mhob afon a llyn, fesul sach
– neu –
â rhaw ar Glawdd Offa yn cloddio am fôr
ar ben bwrdd-du Twicyrs yn newid y sgôr
yn dechre Diwygiad, un gwell nag '04 –
Wel nolwch y Doctor neu nolwch yr Haf
– bydda i'n glaf
'da Bywydeitis

Ond
os y'm gwelwch yn llyfu tin
neu'n ffili cael min
(yn gyffredinol)
yn gwylio TV
neu'n eistedd BD –
Byddai'n iach o'r Bywydeitis:
– claddwch fi dan RIP
neu plannwch res o letis.

robat gruffudd

Wyt Ti'n Cofio

Wyt ti'n cofio'r noson honno
pan godon ni ddau fys ar y byd?
pan dyngon ni lw
na chyfaddawden ni fyth,
na newidien ni fyth,
y bydden ni trwy'n bywyd
yn driw i'r weledigaeth
wlatgarol,
amharchusol,
warthus,
wych?

O doedd llwon, breuddwydion
ddim yn brin
yn y blynyddoedd hafaidd hynny
a lifeiriai o Grînol Whitli a phaent gwyn
ac Afon Menai;
y blynyddoedd o brynhawne,
ie, hydnoed y nosau
pan dywynnai lleuad Siliwen fel haul
gan agor gobeithion fel blode
mewn gerddi anferth, hud
o bopeth posibl;
a seren oedd yr haul
tu fas y Folts am dri
a'n twysai ninne,
ddoethion a brenhinoedd twll
trwy 'nialwch Bangor Uchaf
i ddiogelwch gwely.
Ond os hawdd oedd drachtio'r cwrw,
mor hawdd oedd dweud y gwir;
os hawdd oedd sôn am Ryddid,
mor hawdd oedd bod yn rhydd.

Mae Bangor ein bywyde
wedi bennu nawr
ond cofiaf inne'r llw
ac ymdynghedaf eto
er mor ofalus yw fy ffyrdd
y gwna i gadw'n ffyddlon –
A wnei di?

Melys yw

Melys yw dringo i gopa'r Wyddfa
a rhwygo iwnion jac a gweld y darnau'n hedfan
i'r niwl islaw.

Melys yw bodio o Fangor i Gaerdydd
a meddwl yn y bryniau mor braf yw bod yn rhydd
dan haul Cymru.

Melys yw pisho 'ngole lleuad
ym muarth Ifan Henllys noswyl priodas Penri
a'r cwmni mor feddwol â'r êl.

Melys yw cyfri'r tywod ar draeth Penmon gyda Mair
ac Amser yn dianc i'r gorwel
rhag yr hedd.

Melys yw malu cachu
bore a nos, yn dwll, yn sobor, 'da'r bois neu gyda'r sêr
yn enw'r Gwir.

Melys yw bod yn Gymro
a chael peintio'r byd yn wyrdd.

(Mis Awst glawog 1974, Ros Muc, Conamara)

Rho i mi'r gwynt, gyfaill,
Yn amddifad o'r môr,
Ac mi af tua Gaillimh
I brynu a chwerthin.
Ymlwybraf heb betrus
Rhwng esgyrn yr arfordir,
A hwyliaf i'r porthladd
I werthu a llefain.

Rho i mi f'awel, gariad,
Yn hael i'm rhwydau –
Caf aredig yr heli
A chanu a chwys.
Gwasgaraf benillion
Ar lanw a chlai
Er eu bod yn rhy liwgar
I lannau mor lwyd.

A phan gaf fy ngwynt
Mi flasaf ei liw,
A'r lliw hwn a folaf
Uwch holl liwiau'r rhod.
Cofleidiaf i anadl
Y Gorllewin llafar
A rhedaf dros yr ewyn
Hyd borth Caer y Llwythau.

Penillion Parchusrwydd

Paid â'm beio, paid â'm beio,
Gad i'r llanw droi a threio:
Gad i'r gwyntoedd ruthro heibio,
Gad i'r cryfion ladd a rheibio.

Paid â gwrando, paid ag edrych,
Yn lle bynnag, frawd, yr elych:
Cau'r ffenestri, cau'r drysau,
Cau dy lygaid, cau dy glustiau.

Paid â chwynnu allan efrau,
Paid, da thi, ag agor llyfrau:
Gwell yw cuddio baw dan garped,
Celu poen, a siom, a syrffed.

Paid â chlywed llais yr egwan,
Paid ag ateb llef na chwynfan,
Paid â chodi dwrn i daro
Pan ddifethir y sawl a'th garo.

Paid â'm beio, paid â'm poeni,
Os gwna'r blodau oll ddihoeni,
Gad i'r dail a'r diliau grino –
Mae hi'n drymaidd, paid â'm d'huno.

heini gruffudd

Cymru Sicstinein

Dros ganrif yn brysur a brwd fu'r cariadon,
Beirdd ac offeiriaid, cantorion, llenorion.

Bodiodd eu bysedd bob modfedd o'th gorffyn
Wrth iddynt chwilio dy fannau cyfrin.

Fe'th alwyd yn wyryf a morwyn a rhiain,
Gan eraill yn fitsh, cachadures a phutain.

Â'u hoffrwm yn wylaidd daeth rhai o'th flân
Llamodd eraill arnat a'u cyrff ar dân.

Elfed a Crwys, wedyn Gwenallt a Bobi,
Cyfrannodd pob un i'r wladgarol hobi.

Ar ôl y fath garu trachwantus, mynwesol,
Pa ryfedd it ddala'r hen glefyd gwenerol?

Nadolig Cenedlaetholwr

i Geraint Ecli

Gwyn ôd cynnar ar y ddaear,
Gwyn yw gwisg y ddoli lachar,
Gwyn a gwâr y gŵr mewn carchar.

Llwyd y mwg a gwyd o'r tanllwyth,
Llwyd y siwmper newydd, esmwyth,
Llwyd y mur rhwng dyn a'i dylwyth.

Brown bôn coeden, brown y ffowlyn,
Brown y jwg o gwrw melyn,
Brown yw lliw ei gwrs ddilledyn.

Glas yw llygaid y Duw-faban,
Glas y celyn, glas yr hosan,
Glas yr awyr oddi allan.

Du y grât ar ddiwedd noson,
Du yw'r mwyalch a gaiff friwsion,
Du y gell, a du'r ynadon.

Gwyrdd y tinsel, gwyrdd y deilios,
Gwyrdd balŵns yn nwylo'r plantos,
Gwyrdd yw nerth a ffydd yr Achos.

Deg Darlithydd Bach Cymraeg

Deg darlithydd bach Cymraeg
Yn darllen llyfrau mawr;
Rhy drwm yw un i'w gael ar ddesg,
A llesg yw naw yn awr.

Naw darlithydd bach Cymraeg
Wrth studio cynnar lwyth
Yn cwrdd ag enw braidd yn fawr,
A nawr? Does dim ond wyth.

Wyth darlithydd bach Cymraeg
Yn poeni am yr iaith;
Ceisiant siarad Celteg hen –
Di-wên yn awr yw'r saith.

Saith darlithydd bach Cymraeg
'Rôl gwledd yn taro rhech;
Rhy fawr yw'r sŵn i glustiau un –
Faint sy 'ma rŵan? Chwech.

Chwe darlithydd bach Cymraeg
Yn darllen am y Cwymp.
Cynhyrfa un drwy'i gorffyn gwael
Gan adael dim ond pump.

Pum darlithydd bach Cymraeg
Yn gweld myfyrwyr anwar
Yn hawlio mwy o barch i'r iaith –
Trist ffaith, ceir nawr ond pedwar.

Pedwar darlithydd bach Cymraeg
Yn mynd trwy'r Llyfr Du.
Cwyd llwch yn drwch o'r llyfr llwm,
Ie, trwm yw tristwch tri.

Tri darlithydd bach Cymraeg
Yn cwyno am y llau
Sy'n byw mewn memrwn tyllog, gwyn –
'Rôl colyn ceir ond dau.

Dau ddarlithydd bach Cymraeg
Mewn cinio yfed gwin;
Gorffenna un y botel wâr –
Di-gâr yn awr yw un.

Un darlithydd bach Cymraeg
O wir gorffolaeth gref,
Mae'r Gadair iddo'n wag yn awr –
Â'n fawr ei nwyf i'w nef.

Wedi Laru
(yn un ar bymtheg oed)

Wedi laru ar yr ysgol bendith oedd cael gadael
Mae llanc yn teimlo'n ddyn yn un ar bymtheg oed
Cefais swydd drwy frawd fy nhad oedd yn nabod y rheolwr
Mewn gwaith tegannau plastig yn un ar bymtheg oed.

Roedd y bòs yn glên i ddechrau popeth yn ddiddorol
Yn wythnos y gwas newydd yn un ar bymtheg oed
Ond buan aeth y llachar yn ddim ond hunllef ddiflas
Bodlondeb nid oedd gennyf yn un ar bymtheg oed.

Yn edrych ar fy oriawr yn disgwyl amser cinio
Munudau sy'n dragwyddol yn un ar bymtheg oed
Y lleisiau a'r peiriannau yn byddaru pob un synnwyr
Gwaith ond dim difyrrwch yn un ar bymtheg oed

Af allan ar ôl gweithio i sefyll ar y strydoedd
Does dim i bobl ieuanc yn un ar bymtheg oed
Gan bawb cawn ein cyhuddo yr heddlu sy'n ein gwylio
Bywyd sydd yn ddiflas yn un ar bymtheg oed

Heb ddyfodol rwy'n sefyllian ond gweithiaf i gawl bywyd
Wedi cyrraedd pen y daith yn un ar bymtheg oed
Rwyf heb addysg a heb grefft mewn galwedigaeth wag
Mae'n drist bod ar y domen yn un ar bymtheg oed.

Paid â Gwrando ar dy Dad

Paid â gwrando ar dy dad yn dweud y drefn,
Ni all fyw yn ôl ei ddeddfau'i hun.
Dim ond rhagrith llwyr yw ei huotledd cyfreithgar,
Nid yw eisiau dim ond plygu dy ewyllys yn ei law.
Tor y ffon a yrrodd dy gefn,
Saf i fyny yn ei erbyn – bydd yn ddyn.

Paid â gwrando ar dy fam yn wylo er dy fudd,
Er ei mwyn ei hunan mae'r dagrau ar ei grudd.
Pa hid beth ddwed cymdogion wrth glebran ar y stryd?
Nid oes raid iddi wrando ar eu lleidiog lith.
A beth a wnaeth hi erioed a wnaeth argraff ar y byd?
Na, dim ond byw 'run fath â'r gweddill dan barchus rith.

Paid â gwrando ar gyfeillion a ddywed gelwydd yn barhaus:
Ni feiddiant wneud beth a fynnant ti ei wneud.
Fe chwarddant am dy ben, a'th watwar yn dy gefn
A thorri pob cyfamod, drachefn, drachefn, drachefn a thrachefn.
Paid â gwrando ar eu llwon, yn hytrach bydd amheus,
Cymer sylw o beth a weli, ond gwylia beth ti'n ddweud.

Dwed wrth y bòs lle i roi ei reolau a'i waith,
Nid ei eiddo yw dy enaid na'th ewyllys.
Tafl ymaith lywodraethwyr a'u clercod bach:
Torrwyd eu meddyliau oesau'n ôl pan ddaethant i'r byd.
Gyrra dy gerbyd dy hun ar dy fydol daith –
Gwna hyn os byth wyt am ddod yn rhydd o'th grud.

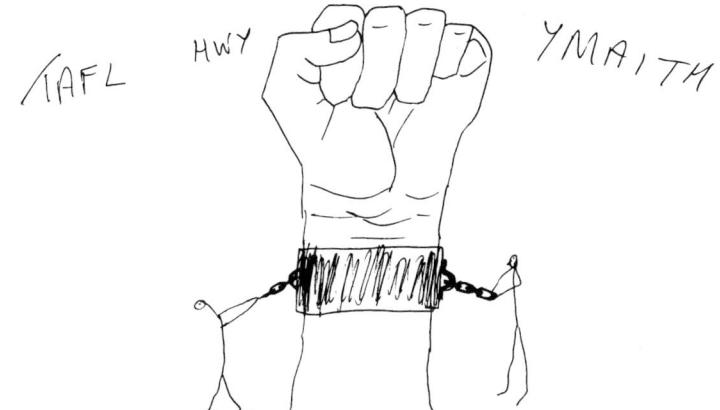

Dagrau Rhew

Bu tristwch,
boed hapusrwydd.
Bu atgof,
boed anghofio.
Bu sobrwydd ingol,
boed meddwdod.

Wynebais y gwirionedd,
boed i mi ymhyfrydu mewn celwydd.
Cerddais yn hy i'r ffwrn dân,
boed imi foddi'r fflamau mewn alcohol dyfrllyd.

Bûm yn wylo,
boed i'm dagrau rewi
yn oerni'r realiti ffug.

Machlud dros Lŷn

(o Landanwg)

Y dydd yn ymdoddi i'r nos
a'r gwyll gwaedlyd fel maes Catraeth.

Un dydd mwy,
a sawl llai
a sieryd iaith Gwrtheyrn?

Di-rym yw geiriau rhamant
yng nghyfnos y ffigurau duon.

Y nos,
paid bod yn dyner,
bydd ddychrynllyd, llawn ellyllod;
oera ni
hyd fêr ein hofn.
Bydd Annwn
â'th gŵn yn crafangu'n drysau.

Parhaed dannedd yr Eifl i frathu'r düwch
a thonnau Porth Neigwl i ddirdynnu'r tawelwch.

Boed anhunedd yn Nefyn
a stwyrian yng nghoed Cefnamwlch.

Boed i'n twymyn ferwi
yn chwerwedd yr oriau olaf.

Llannau hanfod Llŷn,
ofnwch y tangnefedd,
a gwrthodwch
heddwch yr angau hawdd.

Rhwng Dwy Gawod

Yn sobrwydd cyfnos Ebrill,
yr hwyrnos wedi'r gawod,
heno'r Sul, rhyw eirias hedd,
mynegiant grym unigedd,
gynhyrfa'r atgof iasol
fel chwa'r gwynt ar grwydr drwy'r gwyll
a yrr crinddail gaeaf
yn hyf drwy heulwen gwawr yr haf.

Ond nid crin
eto'r wefr,
a heb ei ddifa'r cariad
na fynegir
ond yn rhythm gwyllt y galon,
ac yng nghynghanedd dau gorff:
y gwir na sieryd geiriau
ond y wên rhwng ni ein dau.

Ac nid marw'r atgof,
a'i hanes yn ddarogan.

F'anwylyd,
a fynni eilwaith
anadlu rhyddid y gwynt,
a boddi drachefn
yn ŷd gwlithog y Gwanwyn?

Cydunwn mewn cyd-Wanwyn,
a phlannwn ein cydobaith
am irfedi'r dyfodol.

Tyred
meddiannwn swildod yr heulwen
tra bo cyfle
rhwng dwy gawod.

Synfyfyr

*(Ar y pnawn Sul yn dilyn y
bleidlais ar ddatganoli)*

Mae Menai yn ddibleidlais,
dilyn ei rhagfarnedig rawd
o lanw a thrai difeddwl,
a gwisg y coed eu gwyrddni
heb arddel unrhyw blaid,
yn atsain areithiau undon
yr anwleidyddol wynt.
Mae natur yma'n fyddar
i'r Ydwyf neu Nac Ydwyf.
Bod yw bod,
– neu beidio,
un o'r ddau.

Pam felly, ddyn,
y tynni yn y tannau
a chwalu y cysondeb swyn
a fu erioed,
a fydd pan na fyddi di?

Paham y treisir
merch y tir,
a'i phuteinio
ar goncrid dy Philistia gain?

siôn aled

Ar y bryn uwch y ddinas
fe ddysgi i anghofio,
drwy grefft dy ffigyrau caled,
i ddifrodi hyfrydwch,
i ddarnio'r sail,
i anghofio'r hyn a ragfarnwyd,
yn nhrefn ddiragfarn addysg.

Ond gŵyr Môn yn well,
mai unffurf â'r haul rheolaidd
yw llanw a thrai
ein ffolineb trefnus.

Ac os gwrendy'r gwynt,
fe glyw'r un cordiau
o gadeirlan dysg y bryn
a hwiangerddi'r gred
ym Mangor Deiniol dywyll.

A bydd Menai'n rhydd, ddibleidlais
heb hawl
i roi'r groes ar bapur,
na'r gwartu
o fwrw'r hoelen i'r arch.

Asen Adda

Pwy ydyn ni
ydyn ni'n bod
tu hwnt
i'r dynion
oes 'na un ohonon ni
nad yw'n
ymffurfio
i siwto
rhyw ddyn neu'i gilydd
  Gwallt
  Siâp
  Syniadau
a hyn ers y dechreuad

ond 'sen i wedi sgrifennu
Gen.ii.21.
asen Efa fyddai'r gân
meddai Emily gynt –
gweddïa ar Dduw
bydd HI yn dy achub

*Pan greodd Duw ddyn
Dim ond ymarfer oedd hi.*

Cymraes o'r diwedd

yn y parti
draw yn y ddinas
cyn eistedd i lawr
ar y tu fas
ces i fy nghyflwyno
fel y chwaer o Gymru

peth od
oedd bod yn estron
yn fy ngwlad fy hun
chwarddes wrth geisio 'sbonio …
tipyn o dynnu coes wedyn
– beth am y refferendwm 'na –
ac ati
chwarddes 'to

ond eisoes
ro'n nhw wedi diflasu
felly eisteddes i lawr
gyda whisgi mawr
a'r llygaid ar gau
rhag y mwg
rhag y dagrau

Brad

gelyn benyw yw benyw
nid dyn

gelyn Cymro yw Cymro
nid Sais

brad yw hanes y byd
nid trais

Baled

Ydych chi wedi bod
yn Nulun eriôd
ym mis Mai
pan mae'r blodau ceirios
yn lluwchio
ym Merrion Avenue
neu gerdded
ar hyd St Stephen's Green
ar y ffordd i'r llyfrgell
a dod mâs
sbel wedyn
am smôc
a gwylio'r dynion
yn mynd i'r Dail –
o mae Jac yn cyraedd
a fan'na ma' Konor Krwse –
a'r haul a'r cwmni
yn toddi'r penderfyniad
a'r criw
yn mynd gyda'r llif
i Synott's Inn
am ginio gwlyb
yn llwyddo rhywsut, rhywsut
i oroesi y fendigaid awr
ac wedyn
lawr â pheint?

Cysgod Cwmwl

Cysgod cwmwl,
haul drwy'r coed,
atomfa;
y creigia a'r llechwedda,
yr awyr oer a'r eira,
car
a minna.

Yn Nhrawsfynydd
mor ingol
ydi'r marw
ar ddiwadd pnawn o aea
a'r car
a minna
a'r gwynt ar hyd y caea
yn chwythu dros fy meia.

(Mae'r adar a'u chwerthin glas
yn croesi llymder y dŵr
rŵan
dwi'n siŵr
a minna
yn fy meddwl
yn ista dan y coed.)

Toddi i freuddwyd arall:
dail ar hyd y ffyrdd
(mor wyrdd, mor wyrdd)
syrthio'n swrth
o'r awyr,
y glesni glas.
(cymylau cas).
Machlud.
Dim lleuad ym mriga'r coed
na sêr yn y gweada,
dim ond machlud gwan ar y mynydd
a chwmwl ar y creigia,
y dydd yn nosi'n bos i gyd
a'i gysgod dros y caea.

Haf

Haf:
  dwi'n dengid
    o addewid
glas
  y gwanwyn;
ar gwr y gwair
    daeth drws
i'r haf hir;
mae'r bysedd nerfus cynta'n anwesu'r pnawn
ac awst dioglyd
    yn deffro.
Oes 'na rywun
  yn rwla
  yn gwrando
    a minna
yma
  yn niwl gwyrdd y goedwig
    yn ista?

Dan y coed
  gwelaf
adlais cân yn deffro atgof
  heno
    am deyrnas heb ei chael
goleuni'r brigau'n
golchi'r heulwen
  rwla
    rhwng y dail.

Trên Fach Gynnas

Y môr, y môr
a'i donnau gwyn
yn wlypach fyth
dan awyr syn;
dim ond gwlybaniaeth ar bob llaw,
trên fach gynnas mewn byd o law.
Fe ddaeth y trên
am un ar ddeg,
fe ddaw ynghynt mewn tywydd teg;
dim ond gwlybaniaeth ar bob llaw,
trên fach gynnas mewn byd o law.
Ceffylau, gwartheg,
defaid, ieir,
pobl yn cuddiad yn eu ceir;
dim ond gwlybaniaeth ar bob llaw,
trên fach gynnas mewn byd o law.
Dŵr o'r awyr
ar ei hynt
yn dawnsio meim
i gân y gwynt;
dim ond gwlybaniaeth ar bob llaw,
trên fach gynnas mewn byd o law.
Trên fach gynnas yn gyrru 'mlaen,
afonydd bychain ar y paen;
dim ond gwlybaniaeth ar bob llaw,
trên fach gynnas mewn byd o law.
OND
tu ôl i'r cwmwl
mae haul yr haf
yn aros am gael t'wynnu'n
gynnas braf;
trên fach gynnas, paid â churo dy law
fyddi di ddim hanner mor spesial pan eith y glaw.

Dyfaru

Pe bai dy gof, fy nghariad, fel rhyw len
  O ddŵr diderfyn, heb orllewin, de,
Gogledd, na dwyrain chwaith; heb iddo ben
  Ond dyfnder ar un tu, a'r llall, y ne' –
Mi fedret fadde 'nghreulonderau i gyd:
  Y dychan dianghenraid, y dywediadau
Chwim, difeddwl; eu gwylio'n troi yn fud
  A syrthio i ddifancoll du y tonnau.
Ond gan mai cyfyng yw y cof, a'r don
  Ar draethell lom ein heddiw'n mynnu taflu
Broc y gorffennol, ni wnâ'r weilgi hon
  Ond llyncu poen y nawr i'w chwydu fory.
Gadawaf gwch fy ngh'wilydd i'th drueni,
I suddo'n ddim i eigion dy dosturi.

elin ap hywel

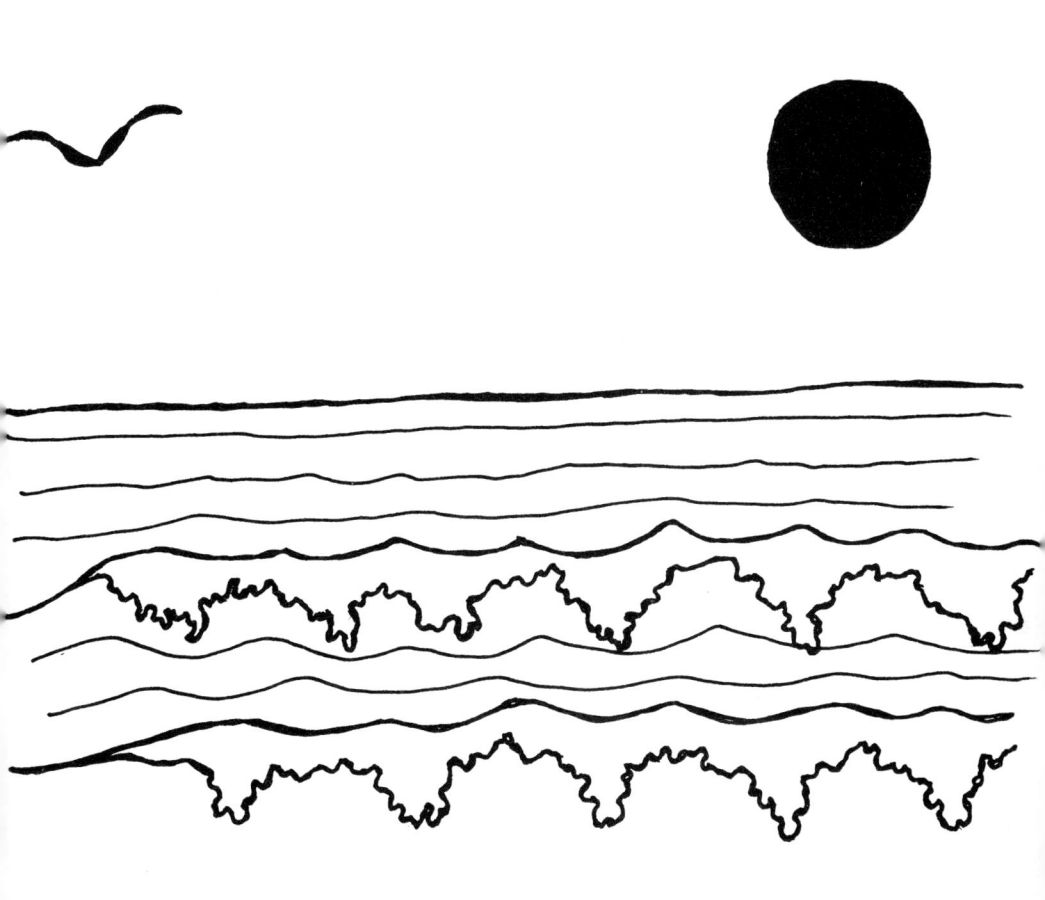

TI·YW·EWYNNOG·FRIG· Y·TONNAU'N · YFFLON·AR·Y·TRAETH

elin ap hywel

Dyddiau Caethiwed

(i rai o'm cyfoedion, 1977-1980)

Dyddiau caethiwed oedd y rhain.

Roedd yr holl fyd yno
yn strydoedd y dref,
a dyddiau'r cerdded
drwy labyrinthau'r strydoedd llwyd
yn gefndir gwastad
i fflach dryloyw
ffilm y dychymyg
tra bod pob cam
yn ein dwyn yn nes at ddim.

Ym meddwdod
prynhawn swrth o Awst,
roedd diogi'n denu
o ddrysau agored tafarndai'r stryd fawr,
a surni cyfforddus
blynyddoedd o nosweithiau llawen
yn llwch ar lawr.
Drwy lwydni gwyll y prynhawn
fe greon ni farrau haearn ein carchar
o fetel tawdd
hanesion difywyd y di-waith,
ein Hodessey pŵl heb wraidd yn y
pridd,
atgofion
am ddyddiau ysblennydd
a gollodd eu gloywder eiriasboeth
dymhorau yn ôl.

Yna, mentro i'r cyfnos
a'r awel boeth
yn cribo'r llwch
i gorneli cyfrin y düwch.

Dyddiau twyll y gusan arbrofol,
caethiwed ofni â'r ymennydd ac â'r cnawd,
tra bo'r wefus yn chwilio ffyrdd newydd i garu.
Ninnau'n epilio
ceidwad ein carchar
o eiriau serch.
Plisgyn o gariad
     yn cuddio cneuen y blys –
     deddf y llwyth
     â'n dedfrydodd i syrffed
     am ddychmygu mai hyn oedd yn real.

Troi'r gornel, a gweld
Serengeti'r dyfodol
yn bygwth o'n blaen.

Diffeithwch,
lle daw fulturiaid paranoi
i wledda ar friwgig ansicrwydd,
lle mae'n hawdd
syrthio'n ysglyfaeth
i lew
posibiliadau.

Rhyddid paith ein hyfory
oedd yr ehangder
mwyaf cyfyng o'r cwbl.

Cennin Pedr

Mae cyffwrdd â nhw yn weithred gnawdol bron,
gan ddwyn i'r cof
fflach min llafn yr heulwen
yn taro'r gwair, ac eco
cŵn yn udo rhwng muriau ysguboriau'r ymennydd.

Mae melynder llaith a llyfn petalau'n gorwedd
fel croen rhwng y bysedd.
a'i sug yn curo'n wyrdd
yn y gwythiennau,
yn gymysg gyda'r gwaed
a welwyd yn rhwd ar gleddyf fel grug ar glogwyn.

Trwy lygad y stamen, mae chwyddwydr y
gorffennol
yn dod â'n holl funudau angerdd yn ôl
yn rhithiau
sy'n agos yng nghryndod tarth y bore,
ac eto'n bell,
mor bell yn ôl â'r foment
y lladdwyd Llywelyn,
y llithrodd ei enaid i'r llwydwyll
fel defnyn yn disgyn oddi ar ddeilen.

Mae'r cyfan yno – estyn dy law a'i gyffwrdd,
y bywyd byrhoedlog
sy'n hercio am ennyd
ac yna'n crino i'r pridd. Gwasg e
rhwng tudalennau llaith dy ddyletswydd trwm,
yn emblem o wanwyn di-dymor
yn nannedd niwloedd yr hydref. Mae'r blodau'n dal
i ddawnsio'n gibddall, yn bwpedau'r gwynt.

Diwedd y Gân

Diffodd y golau coch –
mae'r gân yn marw ar wefusau'r radio
a'r botwm yn tagu swn y blŵs.

Dim ond sibrydion sydd ar ôl.

Dyna'r cyfan sydd eisiau
i erthylu holl sentiment siwgwr y geiriau
sy'n addo bydd serch yn para am byth,
ein gadael ni yma
yn y distawrwydd beichiog
a dim ond adlais y gytgan
yn siheilwli
i'n sgwrs farw-anedig.

'All you need is love.'

Yna, gwranda
ar rith melodi'n teimlad ni
yn distewi'n ddisgord,
yn rhywle ble mae radio
yn dal i gyhoeddi
mai cariad yw'r ateb.

Gaulloises yw'r gerdd –
stwmp inni sugno
nicotin y dychymyg,
yn mudlosgi
rhwng bysedd yr ymennydd,
gan ryddhau emosiynau
fel rhuban o fwg glas
i droi yn ehangder stafell y cof,
cyn darfod
a'i daflu
i flwch
yr isymwybod llychlyd.

Rhyfel

Rheibio
  treisio
    lladd
sdim ots be.
Dim ond ennill
ar draul
y rhai sy'n colli.

Llosgi
mewn dinistr
drwy ildio
i orchymyn.
Diffodd
lampau ifanc
cyn profi
cynhesrwydd
y golau
a'r gwres.

Afonydd coch
yn gorlifo.
Llifogydd parhaus
bywydau briwiedig
oedd i gyd
i rywun yn blant
na ddaw
fyth yn ôl.

Cawodydd
o fywydau gwahanol
o'r diwedd
yn llifo'n gytûn
mewn oferedd.

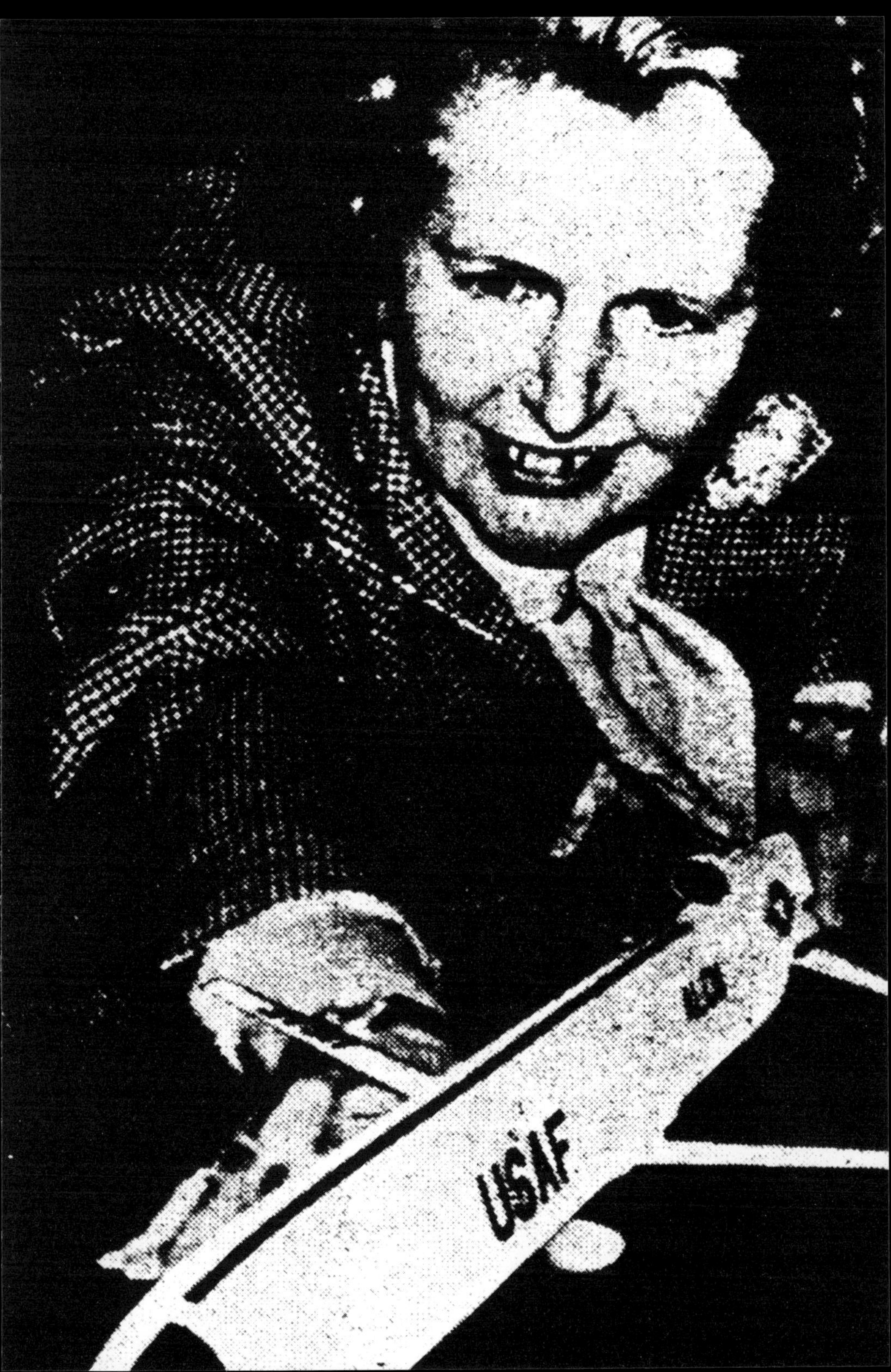
USAF

Angharad

(yng ngharchar)

Bu sawl colomen
yn tywallt yn ddi-gosb
ei budreddi
ar ben y tŵr sanctaidd.

Glaniaist tithau
ynghanol torf o dwristiaid
gan arllwys mewn siom a dicter
lond gwniadur
o annibendod.

Nid oes modd
dy swshio ymaith
na'th ddigoni gan friwsion
yr addewidion gwag.

Tri mis o wobr
yn goron ar dy ben
yn grefft d'adenydd
a chelfyddyd plu'r brwsh paent.

* * *

Mae'r neges,
fel colomen ddof,
yn dal i hedfan adref.

Darlun

Mae yna awr pan nad yw'r nos na'r dydd
Yn llwyr deyrnasu ar y nef a'r llawr,
Pan welir gwawriau'r gwyll yn writgoch rudd
Dan dresi'r nos, a'r haul yn mynd i lawr.

Mae yna awr pan deflir rhodd o hedd
Yn ffrwd o ddagrau aur o lygaid heulwen,
Fel petai'n drist, wrth edrych tua'i bedd
I adael dyn, a daear las, ac wybren.

Mae yna awr pan glywir nodau cân
Sy'n deffro atgof trist yng nghalon dyn,
Pan glosia'r cwmni dethol at y tân
I rannu'r bara lawr a'r botel win.

Mor drist, mor brydferth, olaf awr y cymun,
A dagrau'r haul heb sychu ar y darlun.

Lliwiau

Sedd gefn y bws:
A minnau'n las o ifanc a gwyn pur
Yn ceisio deall techneg cusan.
Un mlynedd ar ddeg werdd
Fel dail cynta'r haf
Y tu ôl i mi,
A blynyddoedd o ddygymod â bechgyn
O'm blaen.

Daeth munud y croesi petrus
I brofiad arall
Ger fy mron ddilychwin, wych,
A gwawriodd eiliad cyffro'r ceisio cyntaf
Yn nhywyllwch cynnar noson o Dachwedd.
Syrthio i'r dwfn;
Heb gydio llaw,
Heb gosi gên,
Heb rwbio clust na chefn,
Yn ddiharmoni, gordiog,
A rythm byrbwyll, anrhythmig dim byd
Yn sail i agoriad llygad rhyfedd
Y darganfod;
A ninnau'n chwerthin
Yn blentynnaidd, ddiniwed,
A direidus
Er parddu'r nos;
Yn mwynhau'r foment bontiog
Yn sawru'r anghyfarwydd,
Yn nerfus, betrus, ymchwilgar,
Ar sedd gefn y bws.

lleucu morgan

Bwlch

Dagrau galar:
Dagrau diwerth yn llithro'n raddol
Dros greigiau geirwon byr orffennol ...

Mor oer yw'r corff heno, yn yr arch ddu –
Nid hi yw'r sypyn cnawd llonydd.
Nid ei gwên heno,
Nid ei chwerthin.
Tywyll ei mangre unig
Ymhell, bell o'n galar ni.
Difyfyr ei llygaid glas,
Dideimlad ei dwy law lefn.
Bwlch angau mewn llinach
Yw'r bwlch trwm:
Ffinale sicr ei bywyd di-Dduw
Wedi'r Rondo olaf.
Di-liw yw'r wên yn y blodau,
A di-sŵn yw'r chwerthin yn ei chegin.

Hi, annoeth ei chyngor gwych,
Hi, gadarn ei phaganiaeth.
Daeth,
A safodd yn y bwlch di-fam
Drosom yn fflam o hwyl,
Er ei thrymder di-ffydd.

Hi, unwaith yn rhan ohonof;
Hi, nawr, yw blodyn hardd fy nghof ...

Byr, byr orffennol.

Cofio Llydaw '81

Qu 'est-ce que c'est la Vérité?

Cofio'r
Eiliadau prin ar dir Paradwys
Rhwng oriau meithion Bywyd.

Rhyddid y dyddiau byrion
A golau trwm y lleuad
Fel du a gwyn;
Diddiwedd y geiriau blin,
Diderfyn yr yfed a thwyll y chwerthin ffug.
Dyddiau'n llinyn cnotiog am y gwddf brau,
Diystyr yw'r oraiu.
Di-gnawd y teimladau ...

Gweld y nos yn araf lithro dros y dydd,
Y sêr yn cyflym gymryd eu lle,
Yn gwenu arnaf drwy'r düwch tew ...

Yn fy mhen
Mae cân yn canu,
A'i geiriau'n tynnu'n ôl y dyddiau gwych;
Mewn dyfnder ein sgwrs,
Mewn tywyllwch ein cân ...

Miwsig
Yn fy nghlustiau,
Y nodau'n brydferth-wych
Yn nefoedd f'ymennydd.
Cordiau dethol sŵn gitâr
Yn atsain gwychder,
Yn canu fy ngherdd,
Yn canu fy ngherdd;
"CAVATINA,"
Wych, wych
A phawb yn noeth
– fel y lleuad ...

Hofran mewn balŵn uwch y byd
Ymhell o'r mân-gynhenan
Draw dros y don aur,
Draw, draw at ynys fy
Mharadwys,
Draw, draw at fy
Mherffeithrwydd.
Cofio eiliadau prin ar dir
Paradwys
Rhwng oriau meithion Bywyd.

iwan morus

Môr heb Donnau

Llyn du yn y nos
A llwybrau'r lloer yn arwain drosto.
Gwener uwch y gorwel
Yn llygedyn gobaith gwyn.
Hir-oesedd yn llifo at y traeth
Mewn distawrwydd disglair.

Cerddaf dros y creigiau
Ar ymyl y traeth.
Mae sibrwd Daear-Ganol yn fy nghlustiau
A phwysau hen hanes
Yn troedio'r tonnau.
Clywaf wylo'r gorffennol
Yn anadliad y gwynt ar y dŵr,
Ac Adar Rhiannon yn canu fan draw
Wrth ddychwelyd i Gymru.

Protest

sefyll yn y glaw a'r poster llipa'n diferu
dros ddwylo piws gan oerfel. disgwyl.
disgwyl am y car du yn gyrru'n gyflym. y
wyneb cyfarwydd pryderus yn edrych allan
am eiliad cyn troi i ffwrdd.
– iesu grist ma' hi'n oer. *typical* o blydi Nic i
ddod ar ddiwrnod fel 'ma. 'dwi bron rhynnu.
– lle mae'r ddwy arall 'na. ro'wn i'n meddwl 'u
bod nhw wedi gaddo dod.
– 'dwn 'im. un ar ddeg ddwedes i ta' beth.
– wel ma' hi bron yn hanner blydi dydd yn
barod. a lle mae'r dyn ei hun hefyd 'tai hi'n
dod i hynny. mae o i fod 'ma ers hanner awr.
– ie wel glywest ti beth 'wedodd y slobs yn
dofe. *bomb scare* felly rhaid iddyn 'nhw gâ'l
check-up ne' rywbeth gynta'.
– *bomb scare* wir. tybed pa dwat wnaeth
hynny.
diferyn o ddŵr yn disgyn o wallt gwlyb fel
cynffon cath wedi boddi. llithro dros dalcen
a thrwyn gan gosi. chwa o wynt a'r poster yn
rhwygo a disgyn i bwll o ddŵr a phetrol
llachar fel enfys. y lliwiau'n troi a throsi.
mynd a dod a newid. plygu i godi'r pentwr
llwyd o bapur a'i deimlo'n toddi rhwng
bysedd rhewllyd. ei adael. beth 'di'r pwynt.
petawn i'n aros i feddwl yn gall am funud
rhaid 'mod i o 'ngho'n llwyr. pam gythraul
ydw i yn sefyll yng nghanol cawod law
waetha'r gwyliau hefo llond llaw o *idiots* eraill
yn disgwyl am gar dyn nad ydw i ond wedi'i
weld ar y teledu. dros Gymru. dros y werin
ddi-waith. tybed. fedra i ddim teimlo 'nwylo
ac mae 'nhrwyn i fel talp o rew. pa les wnaiff
hi i mi ddal niwmonia dros Gymru. *not a lot*.
dim golwg o'r uchel-swyddogion oedd mor
frwd neithiwr yn y Llew hefo'u dewch â digon

o wyau drwg, *typical* o'r blydi Gymdeithas.
dal yn ei gw'lâu ma'n siŵr. bastards. edrych i
fyny ar awyr lwyd yn troi fel breuddwyd.
glaw yn syrthio fel lludw llachar. golchi'r byd
yn ddu. dail fel papur newydd gwlyb yn
diferu i'r llawr. baneri coch y gweriniaethwyr
dros y stryd yn hongian. carpiau rhacslyd yn
y gwynt chwyldroadol. yn hofran. Tafod y
Ddraig yn colli'i lliw o'r poster i'r pwll dŵr.
i'r gad(air freichiau yn y gornel). 'nhrwyn yn
rhedeg. teimlo am hances. dim un. cefn
llawes côt law yn rhygnu dros wefus. neidio o
un droed i'r llall. oer. eisiau bwyd. heb gael
brecwast. brysio allan fan'ma. dy fai di ydy
hynna mêt. deilen yn y gwynt gwyrdd.
chwyrlïo i fyny ac i lawr. fel bwledi glaw yn
dryllio. darnio. disgyn yn garpiau i ddaear
galed. codi esgyn i'r entrychion. diflannu.
– hei, drycha'r car du yna – ma'r diawl yn dod
bois – ar draws y ffordd, brysiwch – steddwch
– stopiwch y cont – dowch. trydan yn yr
awyr, mwg yn yr ymennydd. niwl coch
dicter yn cymylu'r synhwyrau. opiwm.
rhuthro 'mlaen. y lleisiau'n galw – iaith a
gwaith – tai Cymru i bobl Cymru – amodau
teg i'r sianel – toris mas. cyfiawnder. cyf-iawn-
der-iawn-der. cyfiawnder. heddlu glas
yn symud 'mlaen, llusgo, cicio, clirio'r ffordd.
dyrnau'n disgyn fel rhegfeydd yn rhydd ar
obaith y genedl. sgrechian gweiddi casineb yn
corddi tyfu dinistrio. teiars yn gwichian. car
yn rhuthro heibio wedi mynd. tawelwch
llonyddwch. siom.
plisman. cysgod du yn brasgamu. posteri
darniog yn ei faneg drahaus.
– *here take your rubbish and get out*
– *fuck off*
– *what's that you said*
   you heard me fuck off you fascist bastard

Gwyddeligion

(Myfyrdod ar ymweliad y Dyblin Shiti Ramblars a ysgogodd y bardd i ganu'r gerdd isod, yn arbennig tebygrwydd Gwalia ac Erin, ac yn fwyaf arbennig, ymateb hyglod ei gyd-Gymru. Tŵ Neshyns wans agen – gwych!)

Cenedl o wancars bob un wan jac
Ydyw y Cymry, heblaw am MAC.
Mae Dafydd Wyn Port yn llygad ei le,
Mae Cymru yn gachu o'r gogledd i'r de.

Gan hynny, gyfeillion, rhaid cael amgen coel,
A thynnu gwinadd o'r cedor i ddangos ein hoel,
Ond nid heb esiampl gan genedl well
Sydd, er ei hagosed, yn hen ddigon pell.

Iwerddon, Iwerddon, paradwys ddi-fai,
Llawn gynnau a ffrwydron a llym garchar-dai
Ni chollodd ei henaid, os collodd ei hiaith,
Nid hynny mewn difrif oedd diwedd ei thaith.

Cans yno mae rhamant ac antur a sbri,
Cei lwgu at angau 'mond er ei mwyn hi,
Mae ffrwydriad fan yma a ffrwydriad fan draw
Sydd, er yn reit ddifyr, yn dipyn o fraw.

Ti genedlaetholwr mor danllyd dy nwyd,
Cei ysbryd Arth Ginis yn ddiod a bwyd,
Dangosa i'r Sais jyst be ydi be
Drwy fynd i berlewyg am yr Ai Âr Ê.

Ac os daw Gwyddelod i Walia i roi pill,
Addoli eu geiriau a dysgu bob sill,
Ac er mai yn Saesneg y canant eu cân
Dyw hynny'n difetha dim oll ar dy dân.

Cael cenedlaetholdeb yn fenthyg yw'r nod
A datgan am arwyr gwlad arall. Ein clod?
Ni raid i ni boeni am ddioddef a loes
Cawn joio o hirbell a hen dynnu coes.

Gan hynny, dyrchafwn y gwron o Bort
Yn broffwyd i Walia, y fo a'i holl siort,
Ac os mai hen wancars sy 'Nghymru yn bod,
Na phoener am hynny – cans dyna yw'r nod!

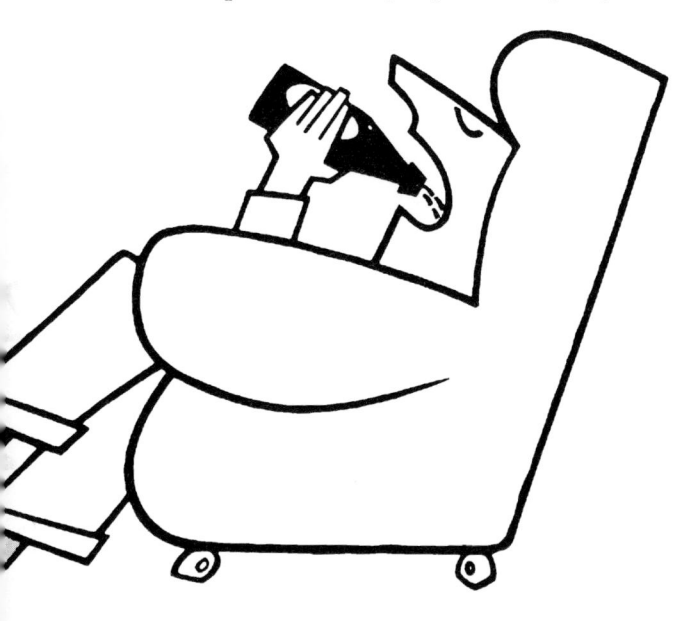

Codi'r Caead

Aros am funud, 'rhen gyfaill,
Ista am funud ar y sêt.
Lle buost ti neithiwr yn crwydro?
Dywed wrtha i rŵan, 'rhen fêt.

Fuost ti'n crymanu tua Gwynedd 'na neithiwr?
Geriatrics dosbarth canol neu grach?
Neu adyn o'r hen wêr dosbarth gweithiol
Blannodd dwca yng ngwddf plentyn bach?

Fuost ti'n sblatro cnawd hyd yr Wyddfa?
Neu'n chwydu i 'sgyfaint ddŵr hallt?
Neu'n hogi dy gleddyf wrth ripio
Iraniad o'i geilliau i'w wallt?

Fuost ti'n wastio wogs tua Atlanta?
Neu'n saethu *popstars* yn Niw Iorc?
Fuost ti'n helpu gelynion T.J.Davies
I ddownio'u *bacardis* a'u *coke?*

Fuost ti draw yng Nghrosmaglen neithiwr
Yn mycspredio milwyr yn rhes?
'Nest ti gadw'r ddysgl yn wastad?
Alwest ti yng ngharchar y Maze?

Fuost ti'n mowntbataneiddio'r diniwed
A'u chwythu cyn terfyn eu tymp?
Fuost ti'n hyrddio y metal a'r rwbar?
Fuost ti'n cithbestio ar hyd yr A5?

Pwy wyt ti, y cythraul diwyneb,
A'th fach sgota yn plycio y cnawd?
Wrth dy wylio yn hacio teuluoedd
A bwtshera cig ysig fy mrawd.

Tyrd yma a dywed dy stori
Ond mwyach ni chei gen i barch,
Hen fastard dan-din wyt ti, angau.
Tyrd, eistedd ar gaead fy arch.

taith ar fws

*(y greater manchester transport ar
ionawr 8fed 1980)*

Craig o wyneb.
Gwagle styfnig
dy lygaid
na fradychant
fyth dy feddyliau.

Ai ti yw e'?

Glaw ffyrnig
ar ffenest frwnt.
Dagrau ymddiheurol
dros dwpdra
cyngor a'i gelloedd
caredigrwydd.

Ond ai ti yw e'?

Ifanc glasurol
dy wedd
a'th osgo.
Llygaid glasoer.
Clywais fod yntau'n ifanc hefyd.

Beth wyt ti'n wneud heno?
Dawnsio? Mercheta?
Dinistrio?
Rhwygo?

Ai ti yw e'?
Ni wn.
Dyna 'mhenbleth.

sheelagh thomas-christensen

tir anial

(Ar ôl i ffrind gael ei threisio ar y ffordd adref o'r coleg)

Clais nos
a'i llygaid niferus, golau pell uchel
tai awyr.
Bysedd trais yn rhwygo
cnawd cannaid diniweidrwydd.
Du ar wyn ar lwydni dinas,
casáu a charu tra bo'r
muriau concrid
yn suddo'n un
gan bwyso
a gwasgu
a gwthio
esgyrn meddal,
nes i'r cyfan droi'n
bentwr lludw ysgafn marw.

* * *

Nosweithiau du
y llefain di-baid,
cwsg *valium* ysgafn, ysgafn,
atgof tir anial,
hunllef merch
ugain oed.

geriatric

Rhes ar res o welyau.
Meirw byw
mewn eirch o flancedi.
Llygaid gwag
ar wacter
ac undonedd
pedair wal.
Ceg ddi-ddant
yn anadlu arogl
salwch.
Ysgerbydau o wythiennau glas.
Cof drylliedig
yn disgwyl
perthnasau a theulu,
a'r llygaid
yn ymddiheuro
am wendid meddwl
ac am wendid pledren,
ac am fod yn fyw.
Cysgu, ond i ddihuno
i barablu plentyndod
o fewn pedair wal fyddar.
A'r nyrsys yn gwibio heibio.

du

(i Morag)

i.
Hofel Undeb y Myfyrwyr,
Devo'n troelli
ar jiwcbocs hanner pan.
Darllen Harold Robbins
a *Pericles*
a barddoniaeth Milton
i Diodati.

ii.
Loetran wrth gwt
sarff y dôl.
Cilio fel diawl
i niwl poeth
y coffi du
a chwythu
corwynt o fwg ffàg
at wraig drwsiadus
ar drot
diymwybod
ochr draw'r
gwydr diogelwch dros dro.
Ymlwybro adref
a phob cam yn nes
at y dibyn serth.

iii.
Piso glaw
ar hen ŵr mewn byd
newydd o goncrit.
Potel wag
yr arian prin.
Camau simsan
a rhegi egr
llygaid coch
y gwaedu mewnol.
Diferion mawr
ar war seimllyd.
Codi'r coler
gan ddatgelu'n ddigywilydd
ôl traul
y penelinoedd brwnt.
Herc,
  cam,
    a naid,
ac â yn ei flaen.
Y botel yn shindris,
dagrau'r *subway*.

iv.
Dinas ddiflas,
diwyd ei dinistr.
Llyngyren lwgr
yn dirdynnu'r ddynoliaeth
â'i thrais.
Dinas.

v.
Dinas
 dyn
  Duw
   du.

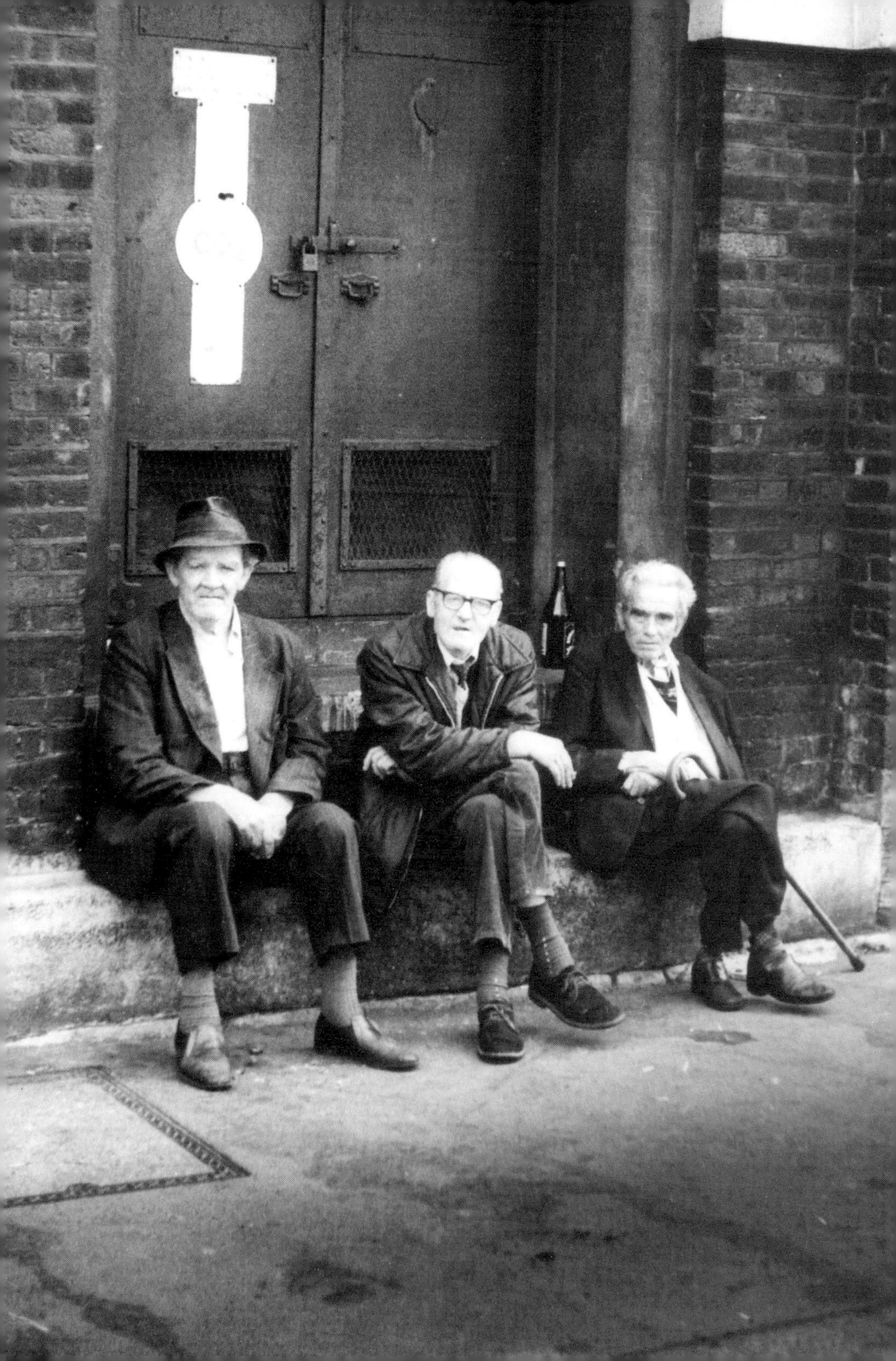

Paradwys Ffŵl

Mae gan y *bourgeoisie* Cymreig
arf llym yn erbyn difodiant:

ei hel dan y carped
rhag i'r cymdogion weld
a ffieiddio:

ei gau'n dwll dan grisiau
gydag euthanasia, rhyw,
a thestunau eraill
na ddylid eu trafod
yn yr Ysgol Sul:

Mae yn y *bourgeoisie* Cymreig
duedd i edrych drwy wydrau lliw,
a thorheulo pan mae'n goleuo mellt:

a minnau'n un ohonynt,
yn llwytho tabŵs i'r ferfa
i'w claddu 'ngwaelod yr ardd
gyda hen gi anwes y plant;

ac yna creu paradwys
lle nad oes trais na gormes,
Deddf Atal Terfysgaeth na thapio ffôn,
H Blocks nac Apartheid:

lle mae Pero'n fyw
a Chymraeg yw'r iaith.

Y Drws a Agorodd

Mae rhywbeth yn drist
mewn ceir yn y glaw,
a'r byd ar gau
ar fore Sul:

ond dyma'r bore,
yn gwawrio'n llaid rhwng barrau llym
dy gell yng ngwesty'r goron,
a'i ddrycsawr, fel sawr pob bore arall,
yn drewi o ryddid,
y cei deimlo'r rhyddid hwnnw,
yn hen gôt ar dy gefn
ac yn goncrid dan wadnau newydd
tu hwnt i'r drws.

Un cip olaf
dros ysgwydd a fu'n disgwyl
chwe mis yn y diffeithwch mud
am y werddon hon;
yn chwilio'r llythyrau prin
am y ddeilen gyntaf:

heddiw,
agorodd y drws
ac ni ddaeth y golomen yn ôl.

Agorodd y drws
a chamaist i freichiau
        camera,
a dau neu dri
yn glwstwr yn y glaw,
a'r ceir yn pasio:
dim tyrfa na band taro,
dim penawdau arwrol
na chonffeti amryliw'n
rubanau'n y gwynt:

dim ond bore arall
yn drewi o gwrw neithiwr
a brecwastau stêl:

bore arall
a olchir yn angof gyda'r glaw:

drwy ffenestr y cerbyd
a'th hebrynga i gôl y gymdeithas
y brwydraist o'i phlaid,
a weli di'r drws
a'r niwl yn cau
am Aber Henfelen?

Sloganau

Wyt ti'n cofio'r
sloganau'n gymalau gwynion
ar bob pont a phentan:

Teledu Cymru i Bobl Cymru
Sianel Gymraeg yn Awr
Ble Mae'r Addewid?

a'r paent yn dal yr eirias wlyb
yn herio teithwyr cynta'r bore.

Erbyn hyn
diflannodd y mwyafrif
i finffyrdd y gorffennol,
er erys ambell un
i brocio'r cof
a gwrthsefyll ymdrechion glew
glanhawyr y Cynghorau:

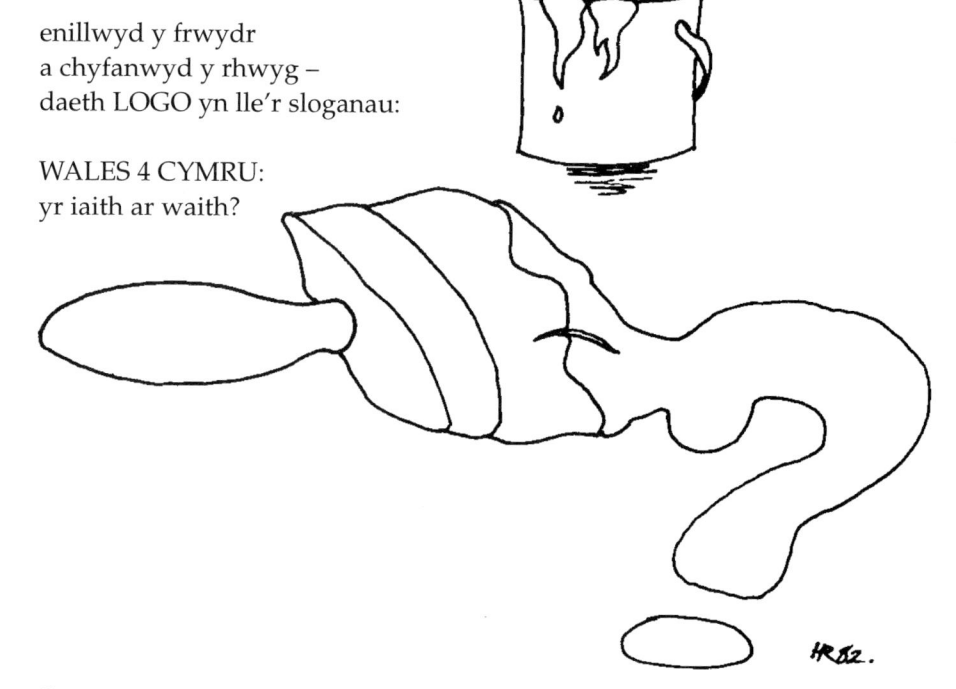

enillwyd y frwydr
a chyfanwyd y rhwyg –
daeth LOGO yn lle'r sloganau:

WALES 4 CYMRU:
yr iaith ar waith?

Y Lefiad

Euthum heibio Porth Talbot yn y glaw
a'r hydre'n cau
am chwech o'r gloch, a'i wynt
yn chwipio'n nentydd chwyrn
hyd rychau'r draffordd.

Ar gasét y car,
Jarman
yn pregethu
i'r myrdd dafnau goleuni
yn ffenestri'r strydoedd islaw,
a'u llygaid yn chwilio diferion y nos
ger afonydd Babilon:

yn rhes ar res drwy'r niwl
a mwg chwerw'r gweithfeydd
saif y tai yn strydoedd coll
yn disgwyl i'r llanw anorfod
dorri'r llinyn
a'u golchi i ebargofiant.

Minnau'n dyfalu
lle fydda i flwyddyn i heno
a'r hydre'n cau
yn oer ym mhlygion y nos;

ni chlywais y waedd
yn y strydoedd cefn,
na gweld y gwaed
yn llifo'n gymysg â'r glaw
i'r gwter:

ni theimlais anadl olaf
cenhedlaeth a adawyd yn gelain;
yn gorff ar y palmant gerllaw.

Euthum heibio Porth Talbot yn y glaw
o'r tu arall eto'r tro hwn.

Nadolig 1980

Nadolig,
a minna, yng nghanol
y papur lliw a'r siswrn a'r selotêp,
yn ceisio gwthio fy nghariad
i barseli dirgel, cyffrous
i'r rhai sy'n annwyl i mi.

Ceisiaf dy lapio di hefyd,
dy lapio'n dynn yn y
papur lliw, llon
a'th wthio dan gysgod cynnes, sawrus
coeden angof.

Ond yma yr wyt o hyd,
yn gwrthod cael dy amgáu
a'th reoli ym mhapur y
gorffennol,
a'r atgof
yn mynnu, mynnu
pigo'r briw.

Y Fam

Eisteddai yno ar y bws
yn magu ei phlentyn.
Suai ef yn ôl ac ymlaen,
yn ôl ac ymlaen
i rythm y crud peiriannol –
olew a gwaed,
dur a chnawd,
peiriant a chalon yn un
mewn cân,
mewn dawns.

Yn fam, er nad oedd
eto'n ugain oed;
yn aeddfed
er nad oedd eto
ond plentyn.
Ond roedd
y fodrwy ar ei bys,
y rhychau ar ei bol,
a goleuni sanctaidd cariad
ar ei gwedd.

A minnau, y plentyn,
yma,
heb fodrwy ar fy mys,
heb rolyn cynnes, melys
o gnawd yn fy nghôl,
heb gariad, heb ddim.
Y Plentyn Coleg
yn ymbalfalu yng nghorff oer Addysg,
yn magu llyfrau yn fy nghôl
fel cerrig beddau yng nghanol
porfa las, fyw,
yn chwyddo'n dew dan bwn
traethawd, cerdd, rifiw;
yn chwysu, gwthio, ymestyn
pob gewyn o'm corff anaeddfed,
gwag,
yn yr ymdrech o garu, o greu,
o esgor
ar blentyn papur, marw, distaw,
oer.

Eisteddais yno ar y bws
yn gwylio,
a'm corff mor wag,
  mor greulon o wag,
    gwag,
      gwag …

lona llewelyn davies

Cathedral Road

Rwy'n dy gasáu di,
Cathedral Road.
Cerddaf ar dy hyd
yng nghôt gaeaf diflastod,
a'm corff yn friw dan
bwn croes cwrw neithiwr.
Y cur yn fy mhen,
y boen sur yn fy mol
fel poen erthyliad,
a blinder, fel ewinedd
sy'n darnio croen,
a thynnu gwaed
yn crafu dagrau
i'm llygaid.

Rwy'n dy gasáu di,
Cathedral Road.
Ti a dy ddinas,
y cyfog yn dy strydoedd,
arogl hen drempyn ym mhob
ciosg ffôn,
trothwy dy ddrysau
yn wlyb gan ddŵr dyn.
Palas y merched sgertiau tyn,
a sgrech nodwyddog y seiren
yn cyhoeddi
drewdod dy gynteddoedd.

Rwy'n dy gasáu di,
Cathedral Road.
Ac eto –
cerddi sydd yn cuddio
yn rhychau dy buteiniaid
ac yng nghamau herciog y meddwyn.
Pleserau rhad dy gorff
gynhyrfodd Siôn Eirian
a Jarman
i garu, i ganu.
A minnau'n dod
i grombil dy freichiau
i chwilio am fywyd,
am wefr.
Chwilio,
a cheisio peidio
tagu ar ddrewdod
dy geseiliau.

Rwy'n dy garu
ac yn dy gasáu di,
Cathedral Road.
Ac o groth dy ddinas
daw seiren arall
fel sgrech newydd-anedig
i ddangos
fod pechod arall
wedi codi ei ben.

Guto

Ceisiais ganu cân i
cân
a chwydai
weddillion
anrheuliedig
ein perthynas
o'm bol,
am byth.
Cân
a sychai'r dagrau
ar fy ngrudd,
a ddychwelai'r
prydferthwch
i'm llygaid
unwaith eto.

Achos,
ti
oedd y prydferthwch
yn fy llygaid,
y direidi yn fy
ngwên,
a'r cynhesrwydd yn
fy nghalon.
Ti oedd y Fi hyn.
Gan nad wyt ti,
nid wyf fi chwaith.

Ti oedd y Fi hyn.
Gan nad wyt ti,
nid wyf fi chwaith.

lona llewelyn davies

Ti oedd
nid "yw",
na "bydd" –
dim ond "oedd".

Ceisiais ganu cân i ti,
ceisio – a
methu.
Does dim cerdd,
dim geiriau,
dim ond curiad calon sy'n sibrwd, sibrwd,
"Tyrd yn ôl".

Pe Baet Ti'n Ferch

(I Roi neu 'Milgi', a ddysgai'r iaith gyda mi yn y carchar)

Pe baet ti'n ferch
A minau'n ddyn
Ni chriet ti yn awr
Am fy awydd fy hun.

Pe bawn i'n annwyl
I ti, a hoff,
Phoenet ti ddim
Fod fy llaw ar dy gorff.

Pe baet ti'n ferch
Cerddem fraich ym mraich
Dros ros a mynydd
A chreigiau a thraeth.

Pe bawn i'n greulon
A heb damaid o serch,
Fe ddywedwn i wrthyt,
'Dere nôl yn ferch'.

Pe baet ti'n glywfedig
Gan fy ngeiriau i ti,
Bydd sicr, Milgi ifanc
Y buasai'r graith arnaf i.

Ond rwyt ti'n fachgen
Ac felly'th ganed di:
Maddau i mi, gariad,
Am nad wyf ond y fi.

(Y gosbgell, Carchar Dartmoor, Mehefin 1982. Dysgwn yr iaith Gymraeg i Milgi trwy siarad ag ef trwy bibau'r gwres canolog: yr oeddem ein dau ar 'gaethiwed unigol'.)

Cerdd i Nyrs nad oedd yn Hardd

Fe'th wyliaist yn y bore,
Fe'm hatgoffaist am un a gerais.
Gwelais brydferthwch yn dy wyneb coll
Fel y siffrydaist o gwmpas yn dy drowsus rhy-fawr.
Allai neb dy alw'n hardd, teg na golygus
Ond hiraethodd fy mreichiau gweigion, unig am dy ffurf,
Nid am ryw – er imi fod mor unig cyhyd –
Ond i brofi y gallwn garu eto
Wedi'r holl boen a'r paranoia a'r artaith.
Cydymdeimlais â'th ffurf fel y chwiliaist
Hwnt ac yma am y baco.
Ni allwn dy ddirmygu na'th feio am dy wendid:
Sut gallwn i
A thithau, f'anwylyd salw, ddi-lun, ddi-enw
Wedi dechrau'm dysgu
Sut i deimlo eto.

(Yn ysbyty carchar Wormwood Scrubs, Awst 1981, wedi dod allan o'r gosbgell lle treuliais naw mis mewn caethiwed unigol.)

Cerdd yr Hanner Beisicl

Gallai hanner dy feisicl fod wedi prynu
Deg owns o faco,
Rhai cilos o bapur sigarét,
Miliynau o fatsys;
Yr holl oriau yn aros am 'Mr Canteen'
Yr holl besychu y boreuau
Pan oedd fy ngwynt yn fy nwrn,
F'ysgyfaint fel Carbon Black
A'm ceg fel bagl y fultur,
Ond mae'n hanner beisicl, Llew,
Ac fe'i cei gyda'm
Cariad i gyd.

(Y gosbgell, Carchar Dartmoor, Nadolig 1979. Roeddwn wedi safio decpunt trwy roi'r gorau i 'smygu ac fe'i rhoddais i Sioned tuag at brynu beisicl i'm mab, Llew, yn anrheg Nadolig. Cyfrannai Sioned yr hanner arall.)

Caffe'r Hayes – Caerdydd

ble chi'n bilongin 'te?
Aberyshwelife?
jew   chi'n gwpot am y strît?
beth o'dd e strît?
o'n ni'n byw 'na
pwy gapel 'te?
wel jiw   a fi
wi'm yn myn nawr
bechot ie
leish yn gwishgo fel wimymbo
ishe arian i fyni'r capel 'edi o's?
ishe arian i 'natlu

shishgishotwch fi
cwpwl o drincsh   gweud gormod
fachan neish
neb yn barod i ryndo 'eddi
'im amsher i bisho whaith
byw lan yn Ponty nawr
Tom Jonesssh   ie
na   chi   laish
be fe'n diuno capel shwt?
jiw Aberweljiw
jiw

mae'r gŵr weti myn chwel
Aberysh ...
blwyddyn nawr lyf

weti myn

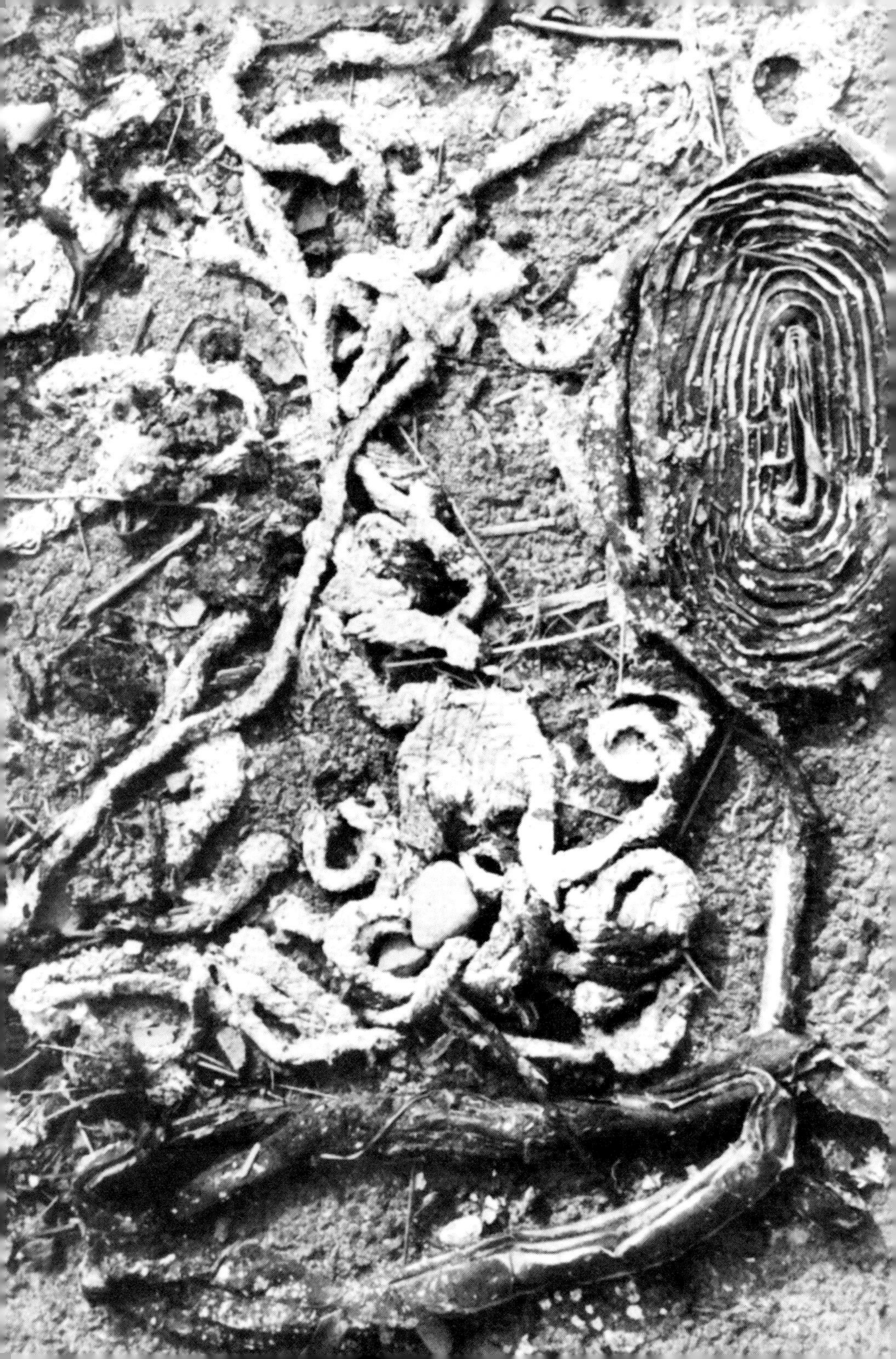

gwaseidd-dra

gwasgwyd y cefnau i'r mynyddoedd
gwisgwyd y gwargrymiad oedd ym mold y graig
yr anffurfiad yn amlwg yn yr argraffiad mud
yr argraffiad yn graith dan y gwasgedd

ond treiddiodd
ein hadlais drachefn i'r dyffryn
agorodd
       cafnedd yn gwestiwn
         cwestiwn yn rhyfeddnod
          rhyfeddnod yn dafod
gan na ellid tawelu'r adlais
 sy'n llosgi drwy sudd
   Blodeuwedd ein darfelydd
     sy'n cynnau yfory
       yn fflamau'r
         borfa
            ir

ffantasi'r dyn tenau

daethost   â'th ben dan dy gesail
  i galon newyn fy nyddiau
cofleidasom   gogleisiais fiwsig d'asennau

er iti ddweud pethau oedd yn torri at yr asgwrn
tyfodd rhywbeth rhyngom
calon wrth ofod   gofod wrth galon
yr oerfel yn gwrido rhwng dy wyn-felyndra

bore 'ma aethom   cnawd am asgwrn
                asgwrn am gnawd
i brynu modrwy gig
ond o flaen y cochni trwm
gadewaist fi'n sefyll ar fin dweud 'gwnaf'
o flaen yr allor waedlyd

ceulodd fy mreuddwyd yn y blawd llif
teflais y fodrwy ar fwrdd gwyddbwyll y llawr

â 'mhen yn fy nwylo
ymadewais i slimio

dychwelyd

'... the Welsh-speaking sea' —Dylan Thomas

cochni'r cimwch ym merw'r awyr
a'r frân unig ymysg gwylanod
ar y lanfa
yn ymladd â'i greddf   am sgwlca'n y wledd
yn anesmwyth o droed   i droed
yn dewis   eiliad   agorfa

ei chrawc wrth adael yn clindarddach
yng nghregyn gweigion fy noe

"wa d'yaw cwm ffrwm?"

minnau'n ôl yn fy nghynefin
yn ailosod cestyll lleithfrau fy ngeiriau
ar dywod newidiol diwrnodau

"d'yaw live in this place?"

gwymon meddyliau'n ailafael ar y creigiau
eto'n sugno'u ffurfiau o'r dŵr
yw dŵr   yw dŵr

y dŵr sy'n awr yn ddwyieithog

Muddy Waters

(y canwr blues a fu farw ym Mai 1983, yn 68 oed)

dyro gân felan
am y felan fwyaf un,
– y canu'n iach
i'r *King Bee* o ganwr.

Hei Pine-Top Perkins
a Willie *'Big Eyes'* Smith,
lle mae o rŵan?
ble'r aeth o?

Hei Chicago,
Maen nhw'n darfod o un i un,
hen fois y canu croenddu
fu gynt yn siglo dy strydoedd
â'u hias o drydan
a lleisiau lleidiog y Mississippi.

Yma,
lle bu'r hogia-sgleinio-sgida
yn dystion gynt i'r *jive* yng ngherddediad pawb,
fflach y gyllell,
y bargeinio am *cocaine*
a rhythmau'r 'Merica newydd;
lle bu posteri'n melynu a chrimpio
ar hen waliau,
clywir hir wylofain harmonica
yn ymsymud fel ysbryd
dros y meysydd parcio aml-lawr
a'r tyrau gwydr a dur.

Ia, hir wylofain harmonica,
yr udiad clwyfus hwnnw
a glywais gyntaf flynyddoedd yn ôl
a minnau'n wyn fy nghroen
ac yn gaethwas diwydiant
ar gyfandir arall
yng ngetto fy mhroletariat.

Do, mi glywais Muddy Waters
a'i lais yn hy a sarrug a du,
a *dem blues,*
dem blues,
dem rhythm'n'blues
yn treiddio hyd fêr f'esgyrn.

Mae'n hwyr y nos,
ac mae o wedi mynd,
ond mae'r felan yn brathu rhai o hyd
yn y byd heb yr hen *hoochie coochie man.*

dau galennig

I
symudiadau dy gorff main,
dy wên,
dy swildod
a llynnoedd dy lygaid:
hyn yw dy lafar
fy Siân ddi-ddweud
wrth iti ddawnsio'n ddistaw
dros hen bont y dyddiau gwynion hyn
tua chaeau'r ŵyn yn y gwanwyn.

II
heno, yn flin ac yn garpiog fy meddwl
a'r ardd yn wyn dan y lluwchfeydd gaeafol,
mi eis i gau'r ieir yn eu cwt
a'u rhegi'n arw o dan y binwydden;
ond wedyn pan drois i yn ôl am y tŷ,
dy wyneb di oedd y lleuad, Siân,
yn fud, yn fwyn, dros eira Dyfed.

steve eaves

le café du port de pêche

(i Anne-Marie)

noson gynnes, las,
a'r porthladd yn swatio
ym meddalwch yr oriau melfed
rhwng hanner nos a'r wawr
pan chwiliai morwyr am ferchaid
a dychwelai'r cychod bychain i'r cei,
ac ogla eu pysgod yn drwm a hallt
ar awyr y strydoedd cysglyd.

ninnau'n dau
yn sypiau tafotrydd,
wedi meddwi'n chwil ulw gaib,
wedi smocio dau lond pecyn o *Gaulloises*
wrth fwrdd sigledig
mewn *café* llawn gola
a mwg
a sgotwyr cyhyrog;
a'r sgrechflwch yn sglaffio ein pres
inni gael cyd-ganu'n gryg
â'r *Rolling Stones* a Piaf,
ein llygaid cyn goched â'r gwin.
yna dadlau, a bloeddio chwerthin,
a ffeirio hanesion caru
yn athronyddlyd ddigri-ddwys
wrth i'r ddiod liwio'r holl droeon dibwys
yn drasiedïau carwriaethol
o bwysigrwydd tragwyddol.

dau foi'n ffraeo wrth y bar,
sgotwr main a llabwst o filwr,
dest iawn â chwffio
dest iawn â chusanu,

y drws yn agor bob hyn a hyn
a chwythu ias sobreiddiol
o oerni'r heli ac ogla pysgod
dros y byrddau gwlyb
a'r sgwrs sentimental, braf.
ac yma, yn chwil, yn yr oriau di-ben-draw,
fe roesom Ein Hoes i sefyll ei phraw,

a chipio noson wirion
ar ddiwedd rhyw fis Mai
yn angorfa rhag llongddrylliad
mewn bywyd o lanw a thrai.

ein claddu'n fyw

*(i Dylan Morgan, Gwyn Edwards, Robyn
Parri a Selwyn Jones)*

bechod drosom,
nyni a'n plant,
nyni a'n craith
a'r Blydi Iaith,
a'n gobaith pitw am fachu gwaith
a gweld rhyw olau ym mhen draw'r daith:
ribidires
ribidires
i mewn i'r arch â ni.

ac wedyn,
wedi'r wylo
a THWM-PWM-PWM y claddu,
mae'r lleisiau'n darfod
yn bell, bell, bell,
trwy ddwylath o bridd gwlyb.
gwasgara'r cynulliad.

ni chlyw neb uwchben
ein dyrnau'n curo'r pren,
y bwystfil ynom yn rhuo gan fraw
a'r bustachu byddarol
yn banig yn y bocs.

a medd ein hanwyliaid wedyn:
"mae'n wir ddrwg gynnon ni cyw,
– wydden ni ddim wrth eu claddu
eu bod nhw'n dal yn fyw".

martin davis

Cariad ofer

Cur deifiol
cariad ofer

Hen gosfa gas
 o fewn
     a phrudd-der
Tin-dros-ben
   yng ngwe
       Gwener
I dynnu'n rhydd
dyna'r her.

Canys ti a gefaist ffafr ...

Mae rhywrai'n dweud, 'Ych y Fi'
Os bydd menyw am rentu'i bru.
Ond o fynd i'r Banc Had
Caiff dyn fod yn dad,
Ac ar ben ei fwynhad, godi ffi.

Cilmeri

(Pwy a wnaeth ginio i'r gorchfygwr? BRECHT*)*

Tybed,
pa beth a wnaeth cogydd y tywysog
pan glywodd mai llafur seithug
fu hulio'r seigiau
erbyn dychweliad
Ein Llyw Olaf o'r gad?

Ac mai
rhyferthwy o waed
oedd Irfon hithau?
Ai llefain?
Ai ffoi?
Ynteu regi blerwch y gwŷr mawr wrth luchio'r
sborion i'r cŵn?

Mwydyn yn y Ddinas

Dwi'n teimlo'n well yn awr.
Dywedais droeon
mai'r ffaith nad oe'n i'n neb
a'm poenai.

Ond wedi bod yno
yn fwydyn bach
ym môn yr
afal pwdr,
gwelaf fy mod i'n Rhywun,
yma.
Dyna'r broblem.
Rhywun digon bach,
mae'n wir.
Ond mi rydw i,
o leiaf,
yma.

Ond,
dwi'n teimlo'n well yn awr,
yn glyd
yng ngwres gwlân cotwm
y sicrwydd
a ddaw o wybod
y gallaf eto
ddianc
yno.

I fod yn neb drachefn.

Ffedog

Ond i minnau,
mae ffedog yn wrthun.
Rhyfedd yw meddwl
mai starts
a phantri
a brechdan
a chacen
yw ffedog i rai.
Mor od ydyw meddwl
mai sicrwydd cynhesrwydd
bron-dyner mamïaidd
yw ffedog
i rai.
Achos i minnau,
mae ffedog yn wrthun.
I minnau,
mae ffedog yn blentyn
bach chweblwydd
yn sgwrio a sgubo
am fod ei fami fe'n sâl.
A'r wên yn troi'n ddeigryn
wrth glywed ei ddata
yn mwmlan yn chwerw
iddo wybod erioed
mai Siân oedd yn gweddu,
nid Siôn.

Ffatri'r Iâr Fatri

Crafu, a phigo, a gwaedu,
  a gweiddi, a chrafu,
    a gweiddi, a gwingo,
      a blingo.
Mae'r dwrn uwch fy mhen
yn ddiwyd heno.
Mae'n chwalu 'mreuddwydion
yn garpiau hunllefus,
yn dalpiau o gnawd maluriedig, briwgigol.
Achos heno,
dwi'n iâr,
yn iâr fatri wan,
a llesg,
a chlwyfedig.
Torrwyd fy mhigyn ers talwm,
rhag i minnau,
yn fy hyfdra,
geisio torri a phigo.
Rhwygwyd f'ewinedd o'u gwreiddiau,
rhag i minnau geisio crafu.
Rhag i minnau, yn fy nhwpdra,
geisio fy nhomen fy hun.

Achos heno,
dwi'n iâr,
a dwi eisiau bod yn ddyn,
yn hela a bwyta,
amddiffyn a meithrin.
Dwi eisiau bod yn ddyn.
Dyna i gyd.
Ond,
  mae Rhyddid
yn ddyrnod yn nhrwyn y Bydysawd.
Mae Rhyddid yn foncyff cancrog
ar lwybr cerbydau Cyfalaf.

Mae'r stafell yn gell, heno.
'Dw innau'n iâr yn ei chwt
Ac mae'r batri'n rhedeg mas.

Noson fach dawel
I'r tenant lawr llawr.
Heno.

alun llwyd

Colli

Aeth yr haf â
hi o fy ochor i
eleni;

cyn darganfod y geiriau,
wylodd y cawodydd
a theimlais ddiwedd Awst
yn wlyb
ar y caeau ŷd:

gwelais y coed cam
yn bwrw eu beichiau
i ddŵr llyn llonydd,
a gwelais ddau gysgod yn gwahanu
ar hen bont garreg
a'i meini'n gynnes
gan belydrau Awst,

cefais fywyd
mewn dagrau glaw.

Collais gynhesrwydd
pan aeth yr haf
â hi.

Park Avenue, Wrecsam

Cydgerddwn â'r hydref
y diwrnod hwnnw
a gwynt y tymor
yn cochi'r coed
a chodi'r llwch
y tu allan i'r tai;

ar hyd fy stryd
cerddai'r gwragedd a'r cŵn
gan oedi rhwng y coed crin
a theimlo gwallgofrwydd y
gwareiddiad trefol yn
tawelu a diflannu
wrth basio ein tŷ ni;

heibio'r muriau a'm cysgododd
lawr heibio'r poerad o barc
at y siopau a'r tir
y cerddais, rhedais, reidiais
drosto nes ei lyfnhau
yn berffaith, berffaith;

dyma fy stryd
dyma lle tyfais
yn un â'm cynefin.
Yma
   fy magu, fy meddwi
   fy mygu, fy malu
   fy nghuro, fy ngharu
   fy rhythu, fy rhegi

Tyfais yma.

Gwelaf ŵr a mwstásh –
one of the lads
edrychai fel un o'r criw
ac fe'i dychmygwn yn chwarae i Wrecsam
a rhif 10 ar ei gefn,
yr awel yn cyrlio ei byrm pêl-droedaidd
a'r gôl o'i flaen …
wedi sgorio pram a bychan chwe mis oed
a chymar yn un o ferched *The Mount*
yn parhau'n driw i fagwraeth y jins tyn a'r stiletos;

cofiaf y parc
ac ef yno, ynghanol y llwch
ar ei BSA Javelin
a minnau'n nerfus bwyso a'm beic merch
ar y wal nesa i'r giât.

Tyfais yma,
cerais ac fe'm carwyd yma,

ac fe'm harweiniwyd
tua pen fy stryd at groesffordd
i gofio bod rhaid dewis y ffordd orau
oddi yma.

Stori Wir

Dwi'n cofio'r Fenai y gaeaf hwnnw
A golau Borth yn sêr bach yn ei lli,
Glesni'r gwyll yn olau yn y pellter,
Lleuad lawn uwchben ein byd bach ni.

Mynediad am Ddim mewn ystafell dywyll,
Y lleisiau, y geiriau, y gân a'r wên,
Y gwin a'r gannwyll yn asio'r angerdd
A'r teimladau nad ânt byth yn hen.

A'r byd mawr oedd yn bell o'n meddyliau
A ninnau'n anadlu rhamant ein dyddiau.

Neijal

*(Níos fearr Gaeilge briste nó Bearla cliste –
Gwell Cymraeg slac na Saesneg slic)*

Paid sefyll yn rhy agos
at y dresal, Neijal!
Ti'n ysgwyd y llestri gleision!
Maen nhw'n greiriau, Neijal!

Hel dy facha budur
o'r *Cydymaith*, Neijal!
'Dan ni'm isio hoel dy fysidd
dros y geiria, Neijal!

"O le wyt ti'n *dod*," Neijal!
Ti'n merwino fy nghlustia
hefo'r fratiaith 'na, Neijal –
mae'r "dod-o" wedi marw
i *fod*, Neijal!
… neu wyt ti'n gwybod rhwbath dwi ddim, Neijal?!
Dos allan i chwara, Neijal!

A rŵan, yng ngwaelod yr ardd,
mae'n sefyll yno'n treiglo.
Mae'n syllu ar y rhiwbob
tra'n dysgu priod-ddulliau.
Ni bydd llwch Cymreictod yn hir ar ei droed
Er bod Neijal ond yn ddeuddeg oed.
Mae'n ddigon hawdd deud …
ond wedyn, be fedar rhywun wneud hefo hogyn fel Neijal?

Bwriwyd sawl Neijal ymaith
a'u colli yn awr ein hangen,
ond gwell iddynt droi yn Saeson
na chael treisio ein cystrawen.

Ciwcymbars Wolverhampton

Gwnes ddarganfyddiad brawychus
a'm gadawodd yn gwbl syn;
mae ciwcymbars Wolverhampton
yn Gymreiciach na'r bobl ffor' hyn!

Darllenais i'r peth yn y papur,
cynhyrfais yn lân reit drwydda i.
Roedd y peth yno'n glir, mewn du a gwyn
a dyw'r *Sun* ddim yn un am ddeud c'lwydda.

Rhyw fodio'n ddiniwed yr oeddwn
rhwng pej thri a thudalen y bets
pan ddarllenais fod ein cyrff ni
'fath 'nunion â cemistri sets!

O'n i'n meddwl mai esgyrn a pherfedd
fu gen i tu mewn erioed,
nid rhyw *calcium potassium*
carbon a dŵr –
a haearn hyd yn oed.

Ie, rhywbeth fel dur ydi cariad pur
ond mae haearn go iawn gin bob dyn,
ac mae haearn ym mynwes pob dynes
a silicon ym mrest ambell un.
(Ond awn ni ddim ar ôl hynny rŵan.)

Er bod gennym dipyn o haearn
'dan ni 70 y cant yn ddŵr!
(Pam 'di'r dŵr ddim yn rhydu'r haearn?
  dyw'r gwyddonwyr ddim yn siŵr.)

Ie, mae 70 y cant o bob un yn ddŵr.
Wel, dyna i chi ffaith!
Galwyni o Dryweryn wyf
yn slochian ar fy nhaith.

Nawr,
dyw'r bobol yn Bilston a Handsworth
ddim yn swnio fel Cymry, bid siŵr,
ond maen nhw'n yfed y dŵr o Dryweryn
ac maen nhw 70 y cant yn ddŵr!

Cymry pibell os nad Cymry pybyr
ydi'r rhain; mae'r cyfrifiad yn rong:
cans Cymry o ddŵr coch cyfa'
yw pob Leroy, pob Singh a phob Wong.

Mae deng miliwn o Gymry eraill
yn y Midlands; onid yw'n hen bryd
gwthio'r ffin yn ôl tua'r dwyrain
i gynnwys ein brodyr i gyd?

Basa'n ddiwedd ar broblem twristiaeth
gan y byddent yng Nghymru yn byw;
basa Powys yn estyn at Norfolk
a Gwynedd yn gorffen yn Crewe.

Brawdoliaeth fawr, yn darllen y *Sun,*
yn rhannu'r un gelyn ac eilun.
'Sdim ots gennyf i fod yn gydradd â'r Sais
… ond wna i ddim bod yn ail i lysieuyn.

Achos wedyn y daeth y dadrithiad.
Roedd y papur hefyd yn crybwyll
be sydd mewn llysiau a phethau byw eraill –
fel y ciwcymbar bondigrybwyll!

Er bod lot o ddŵr ynom ninnau,
mae gan giwcymbars 90 y cant!
Mae ciwcymbars Wolverhampton
yn Gymreiciach na ninnau a'n plant.

Felly os daw rhyw benbwl haerllug
a chyhoeddi yn dalog i gyd,
"Dwi'n fwy o Gymro na chditha,"
paid bygwth, "Tisio stîd?"

Jest gwisga ryw wên fach wybodus,
dwed wrtho, "Dyw hynny'n ddim byd –
mae ciwcymbars Wolverhampton
yn Gymreiciach na'r Cymry i gyd!"

Englynion

Mae englynion fatha sgampi –
'sneb cweit yn siŵr be ydyn nhw,
ac fel arfer ti'n difaru gofyn amdanyn nhw ...
ac mae unrhywun sy'n gallu
esbonio 'that ti be ydyn nhw
tua'r un mor ddiddorol â
dyn boring pan ti ar y ffordd i'r tŷ bach,
CSE mewn bywydeg,
aelod o'r SDP,
neu'r rhifyn cyfredol o *Sbec*.

Mae lot yn dod ar eu traws nhw yn yr ysgol
... ynghŷd â bwlis,
ogla cinio mewn lab cem,
a dwylo pawb arall i fyny
pan oedd gynno chdi ddim clem.

Dy'n nhw ddim yn dysgu petha defnyddiol i
chi yn
yr ysgol
fel:
sut mae daffodd bra;
ond maen nhw *yn* dysgu chi
sut mae datgymalu englyn,
Tra defnyddiol!
Be ti haws gwbod sut mae stripio'r
carbyretor,
pan be tisio go *iawn*
ydi gwersi gyrru ...
mewn englyn unodl GTi!

Dyw englynion ddim fatha *ffrwchnedd* ...
mae ffrwchnedd wastad yn cael laffs ...
yn enwedig *"stand up"* ffrwchnedd.

Dyw englynion ddim fatha cŵn.
Wnaiff englyn ddim magu chwain,
na nôl dy slipars newydd chwaith,
dim ond deud 'that ti pa mor dda
oedd yr hen rai.

Dyw englynion ddim fatha ashtrês;
maen nhw'n gallu dal petha llachar
yn ogystal â llwch,
a dylai fod un ymhob parlwr
rhag ofn fod bardd yn galw.

Achos mae englynion yn hen –
rhyw fath o *'bouncing cheques'* ein llên;
maen nhw fel cyri neithiwr, yn dal i ddod nôl
ac ar ôl pymtheg can mlynedd –
'di hynny'm yn ffôl.

Mae sgwennu'r diawlad
yn dal llawn cymaint o ffag ...
ond bydd hi'n wahanol pan gawn ni
englynion *'boil in the bag'*.

'A'i Eirin a Gwmpws'

O'r diwedd daeth y diwrnod mawr,
mae petha bellach ar i lawr ...
mor hir y bu ar dreblaidd hynt,
sut uffar na chwympasant cynt?

Ai'r rheswm pam gohiriwyd tranc
y llais bachgenaidd oedd ei wanc?
Cans llenwi'i *'Y-fronts'* nawr mae'r llanc
fu gynt yn llenwi'i gyfri banc.

Ei jocstrap weiran bigog nawr
orwedda'n fethiant ar y llawr.
Y weiran bigog mwy ni fydd
yn cadw'r dyn rhag dod yn rhydd.

Ffarwél yn awr i'r tronsia tyn
a'r oestrogen mewn pils bach gwyn.
Daw blew ar ên. Daw haul ar fryn
– caiff bres fel baswr gyda hyn!

david r. edwards

Paranoia

tachwedd pump
fi du guto?
rhagfyr
fi du twrci?
ebrill
ffŵl?
am fod
yn ddyn
fel pawb
arall
wedi'r cyfan

pawb yw crist
ar y groes
cyn mynd
i'r dde neu'r chwith
a lan nid lawr

Cariad

Pe cerddet ti mas
un noson
ni fyddai yr wy ar fy wyneb
mor boenus
â'r bachau
dynnest ti o 'nghalon
y gyllell
dynnest ti o 'nghefn
am faint
mae hwn yn para?
'sdim ots
roedd eiliad yn dy gwmni
yn gwneud i fyny
am
27 mlynedd
yn uffern

diolch yn fawr iawn roedd a
mae fel edrych yn y drych
a gweld ffilm
yn uno

doeddwn i byth
am gystadlu
gyda'r diafol
mewn gêm o gardiau
jyst eisiau
tawelwch
a nabod fy hun
ac yna nabod ti
yr ochr arall

david r. edwards

Nodyn adref

beth o't ti'n ddisgwyl mam?
cwestiwn?
ateb?
y pab?
iesu newydd?
norman bates?
dewin?

na fi – un syml
un cymhleth
gyda môr o
garthffosiaeth
yn ei galon hanesyddol
a pharanoia yn y prynhawn
a grawnwin ar y llawr
a'r wawr
yn torri
fel porfa
o gwmpas bedd

Pererin Nid Wyf

doeddwn i ddim eisiau mynd i bontypridd, i'r fenni, i
firmingham, i dy freichiau, fy angel a'm angladd;
  i aberdaugleddau
  i weld bechgyn cyfoethog
   a'u llongau a'u tegannau benywaidd.
doeddwn i ddim eisiau mynd yn sâl
er mwyn i'r doctoriaid fy mhrocio fel mochyn.

mynach ydwyf
sydd am fyw drws nesaf
i fy ffrindiau i gyd am byth.
yr wyf am
ddal eu breichiau
    yfed yn eu gwelyau
ysmygu yn eu calonnau
a breuddwydio nad mynach ydwyf.

Diweddglo ar glo – am y tro

Pob tro yr wyf yn gorffen rhywbeth, yr wyf yn teimlo'n wag. Nid oes synnwyr o lwyddiant neu ryddhad. Yn y gorffennol mae hyn wedi bod yn wir gyda phethau fel poteli o win, caneuon a phrofiadau rhywiol. Wrth gwrs, mae yna eithriadau sy'n profi heol y rheol uchod.

Gorffennais y llyfr am 8.30 nos Wener. Edrychais allan drwy ffenest fy stafell wely a gweld storom law Awst yn y traddodiad gorau Cymreig. Meddyliais – beth nawr?

Edrychais o gwmpas fy stafell – ar y llyfrau nad oeddwn erioed wedi'u darllen, llyfrau nad oeddwn byth eisiau eu darllen. Sylwais ar y ffôn – cont o beth. Roedd yn ddistaw pan yr oeddwn yn unig ac yn canu'n ddi-baid pan yr oeddwn i am fod yn unig …

Llyncais dabled cysgu gyda llong ceg o seidr (alcohol tri phwynt pump y cant).

Gorweddais yn fflat ar y llawr yn ceisio gweithredu techneg ymlacio oedd wedi gweithio'n dda yn y gorffennol. Ond y tro hwn ddigwyddodd dim. Codais a llyncu tabled arall a gorweddais yn fflat unwaith eto. Yn ara deg, dechreuodd fy nghorff rewi o'm traed i fyny. Meddyliais 'Gwd, gwd, gwd. Llonydd am o leia ddeg awr …'

5 awr yn ddiweddarach, dihunais gyda phen tost oedd yn waeth nag alcoholiaeth. Roedd fy nhraed wedi marw. Roedd dyblu'r dôs wedi rhoi 5 awr o gwsg i mi yn lle deg – mae'r byd meddygol yn glyfar. Codais yn araf er mwyn bwyta dau dun o ffa pob (oer).

Yna es i tua thre – i'r dre (Aberteifi). Cerddais o gwmpas mewn cylchoedd yn y tywyllwch. Bore Sadwrn gŵyl y banc oedd hi ac yn nes ymlaen byddai pob llo yn yr ardal yn mynd yn ddwl gan na fyddai'n rhaid iddo weithio ddydd Llun.

Cerddais yn arafach – roedd caloriau y ffa pob yn marw. Canodd y cloc ar sgwâr y dre – pedair cloch unig. Doedd neb o gwmpas, ddim hyd yn oed yr heddlu yn gofyn cwestiynau dwl fel "Ble rwyt ti'n mynd?" (fy ateb i wastad – "I'r lloer"), neu "Beth wyt ti'n wneud?" (ateb – "Amser").

Yn awr yr oeddwn ar bwys pont y dref yn syllu ar gerflun o ryw anifail – be ddiawl oedd e? Ci? Llygoden Ffrengig? Yna edrychais ar draws yr afon ar y caffi lle chwaraeodd Datblygu yn 1984 i gynulleidfa o bobl oedd wedi bod yn ddigon doeth i adael yr ysgol yn 16.

Yn araf, cariodd fy nghoesau plwm fy nghorff yn ôl i fyny'r dre. Roedd golau mewn un siop, oedd yn paratoi bara beunyddiol plant Duw. Mewn ffenest siop arall gwelais eu bod yn gwerthu gwin o Iwgoslafia am £2.45. Wow! Yn Ffrainc chi'n gallu cael yr un cachu poen bol o'r un safon am 50c. Mewn siop arall roedd Sky TV ymlaen. Fel arfer, yr unig beth ar y sianel oedd rasio ceir.

Adre yn fy stafell, dewisais goffi yn lle alcohol wrth i mi ymestyn am y set deledu. Arno, roedd pobl heb grysau yn chwarae *volleyball*. Ar y radio, diolch byth, roedd Dean Martin. Fel arfer, roedd Dino yn canu am yfed gwin. O leia roedd e ac Iesu Grist yn gwybod eu stwff. Roedd Dean Martin yn dal yn fyw, ond sai'n gwybod am y boi arall. Beth bynnag, pan agorodd y siopau, dilynais eu hesiampl am weddill fy mywyd. Os oes rhaid marw, rhaid byw fel arth, llew, blaidd.

In a Miami Bookshop

I'll find it
for you
on the screen
where did you say it was
between the great slave cities
Liverpool and Bristol
not Edinburgh
that's in Scotland
London is less than three hours away
no problem
they still speak their language there
is that right
but you can't
you can only say 'thank you'
in it
yet you insist
that it's a country
that's quaint
this language
has nothing in common
with English
you don't know anything else about it
too bad
your two most famous drunks
both died away from there
struggling for perspective
from the lees
of their biography
as if that background mattered
there's nothing listed
under Mabinogion
try coal
try druids
try Princess Di
no other image springs to mind
there's nothing here
no bagpipes
no Knoxville Highland Games
no famine
staining Boston green
no traditional ethnic shame
to lacerate a grandchild's hand
try Seltic
you say Keltic
tell me again
spell it
say it plainly
where did you say you were from?

What Have You Done For Me?

What have you done for me
you have sewn my feet
back onto my legs
and stitched my legs
to the causes
that set them moving
you have taken me
to the dark side of my body
and my body
into legends
that confront the law
history and lies
shine like heads bent
in conference throwing
shadows on the fate
they abuse between them
what have you done for me
you have shown me stars
from the bottom of a well
you have named each day
as it sinks beneath my feet
you have urged me
into the dark
holding my hand
pressing my cheek
with your lips
you have burned the future
and made the past so frightening

I can only go with you
into the soft side
the limpet body of your language
as it clings feeding and breeding
on hard infertile rock
an hour of moisture
between the rising
and the falling of the sea
you have made your tongue
a blade worth everything
something to die for

a crown and heel
to kiss and pull on
loving with the agony
of being broken
in your hands
what have you done for me
you have opened this country
like a womb in pain
and shown me that the only
death worth living for
has always been my own
you have praised my history
you have named my bones
you have ripped me open
and set my face
in all directions
you have shown me that
until I learned to
speak to you
the love you had for me
could never have been known.

Here's a Country

Here's a country
small enough
near enough
we can
shove our fingers in
and make it squeal
no one will ever know
not even
the body itself
conforming by word
and yield
to the probing
of our roads
our franchises
our newspapers
replacing its thoughts
with our legislation
its obedience with
our demands
its future with
our memory
its compliance
with our lust
here's a country
as dignified
as a fearless child
we can reduce it to the
degradation of a pornographic
baby
bringing it news
of our conquests
the indulgences of our King
rewarding it
with grants and
the breathing space
of schools subsidies
and special events
here is a country
close enough and small enough
it can live
with all we cram into it
until it bursts
like a haemorrhage
and then we mop it
from the walls.

Sgitso Picasso

Eistedd ar y foryd
yn edrych ar y machlud
yn rhegi ffawd
a'r uwd o fyd
codog
sy'n codi cyfog.

Dywedodd Picasso fod pob dynes
naill ai'n dduwies neu'n slebog.
Duwieslebog ydw i,
yn derbyn pobl ddrwg a da
i mewn i 'mywyd
yn llenwi bysys efo pobl neis
a syrthio mewn cariad efo'r misffits.

Mae'r machlud mor rhamantus
wrth iddo dreiddio
i dwll tin yr ynys,
ond dwi ar goll er gwaetha'r
rhyw, a'r rhamant, a'r drygs, a'r gwin
sy'n cadw'r duwiau dicllon draw.

Mae rhywbeth ar goll
yn fy mywyd colledig,
rhyw bechod dwi heb ei brofi
rhyw dduw dwi heb ei ddofi
a'i wneud yn rhan annatod
o gymhlethdod fy nghymeriad.

Cyn i'r machlud fy sugno
i grombil ynysig unigrwydd,
estyn dy law i mi eto:
mi fydda i'n dduwies
ac yn slebog i ti,
yn sgitso i Bicasso.

Cyffion ffydd

Dwi'n byw fel pabydd cwympedig
mewn gwlad wedi'i gwasgu
gan gywilydd ac ing
gormod o foesymgrymu i genedl
efo tatan boeth yn ei cheg
a phrocar imperialaeth yn ei phen-ôl.
Dwi hefyd yn euog o fod yn daeog
ar adegau, o blygu pen-glin
ac ymddiheuro gan yngan
fy nghytseiniaid cras
yng ngwydd saesonach
sydd ddim yn dallt.
Gwarthus o beth, dwi'n gwybod,
ond mae'n anodd diosg
parchedig ofn sy'n ddwfn
yn ein gwreiddiau,
yn bydredd drewllyd
canrifoedd o waseidd-dra
i ymhonwyr powld;
mae'n anodd dal pen
uwchben y don
pan mae boddi
yn angau mor ddi-boen.
Ond fel pabydd,
hyd yn oed un cwympedig,
fedra i ddim diodda'r
syniad o hunanladdiad
a mynd i 'medd
efo cosb y pechod
yn llechan am fy ngwddw,
yn gag am gegau fy mhlant.
A dyna pam dwi'n nofio,
yn llyncu heli yn lle suddo
mewn môr llygredig:
mae'r ewyllys yn ddigon cryf
i gario'r corff gwan trwy'r eigion,
a'r gwaed yn gryfach na'r gorlif
sy'n bygwth gwneud cors o fy larincs.

Mae pob merch yn caru ffasgydd

Byddai byw efo ti
fel berwi wy
i Mussolini
bob bore
neu ddioddef
camdreuliad tragwyddol
brecwast beunyddiol
o bwdin gwaed
Iddewon.

'Hawdd cynnau tân ...'
Haws fyth ei ddiffodd
pan mae'r wrach yn llwch
wrth droed y stanc,
a ti'n gwneud i mi deimlo
fel Unity Mitford.

'Mae brân i bob brân ...'
a haid o adar prin
yn wybren pob unben.

Torrais adenydd
pob aderyn caredig
a briwsioni

fel torth frith
yn cael ei thorri
yn syth o'r ffwrn.

Llyncaist draean
o'r deisen
fel fultur llwglyd,
a'm gadael i sgubo
sbarion dy bryd
i fasged sbwriel
fy ngorffennol.

Yn awr nid oes
dim ar ôl
i ti ei reibio.

Gobeithiaf
y daw dydd
pan glywaf
nodau pur
aderyn pêr
yn canu.

Adda ac Efa (II)

Oes mwy i fywyd na
diffyg cyffuriau
gormod o ffraeo
swper chwarel
sgrechian crio
ofn i'r ffôn ganu
ofn i'r ffôn beidio
Stephen King
corff yn brifo?

Unwaith y mis
dyma fy nhynged
melltith Efa
gwaed ar y pared
ofergoel Beibl
osgoi ysgol
ymgom efo gwyddon
gwylio'r haul
teledu'r môr
colomen ddof.

Diolch am wneud i imi
deimlo yn fwy na draenen
o dy ystlys.

elin llwyd morgan

Zombodoli

Troedio'r strydoedd yn unig a hir;
tyfu'n denau, yn byw ar ormod o gur
pen gwin neithiwr a bwyta ond er mwyn
cynnal cysgod o gorff a cherdded bob dydd
am filltiroedd – i lawr Stryd y Bont,
dros Bont Trefechan, i fyny i Benparcau,
i lawr y rhiw i Lanbadarn a'r holl ffordd
rownd yn ôl i'r tŷ lle mae'r Eidalwr hyll
yn llercio yn y llofftydd fel llofrudd.
Ers yr arholiad olaf rwy'n zombodoli
mewn limbo a'r dyddiau'n lladd
pob teimlad call, yn sbaddu pob llawenydd
a'm gyrru'n fwy gwallgo efo pob tro
beunyddiol o gwmpas y bloc; ond dyw'r
guillotine heb ddisgyn – dim eto.
Bob nos mae Blodeuwedd yn gwisgo mantell
tylluan ac yn mynd i'r barbeciws bondigrybwyll
lle mae'r bobl hapus yn gwenu wrth grilio
gwinedd a pherfedd moch a gwartheg yn eu
gerddi cefn. Rwy'n aros tan yr oriau mân
yn yfed a gwrthod pob cig wedi'i goginio.
Mae cnawd dynol yn wahanol, yn gysur oer
drwy'r nosau cynnes, ond rwy'n deffro drannoeth
yn teimlo dim. Wedi tair awr o gwsg brwysg
codais gyda'r wawr un bore a gwisgo'n grand
i fynd i gyfweliad yn Abertawe. Roedd y daith

yn faith a ffugiais gwsg i osgoi pob sgwrs
a cheisio dianc rhag fy nhranc fel cranc
yn cael ei brocio gan briciau creulon plant
chwilfrydig sadistig – cyw-seicopaths
yn cael rhwydd hynt i greu hafoc. Cleciais
fy nghrafanc mewn panic a deffro yn y depo.
Roedd y bore'n boeth a'r dydd yn danbaid,
y dillad fel cadachau mymi am fy nghorff
a'r sodlau croen fel cyffion am fy nhraed.
Stwffiais fy safn yn ddi-baid er mwyn cynnau
egni yn fy esgyrn gwan. Cefais y swydd
ond gwrthodais hi wythnosau wedyn –
doedd bod yn *Swansea Jack* ddim ar gardiau
gwirion fy ffawd, doedd dychwelyd i'm cynefin
ddim yn rhan o'r ffilm. Dychwelais i Aberystwyth
a chael *lasagne* a chwestiynau gan ffrindiau.
Bwytais, atebais, actiais fy rôl yn broffesiynol,
ond fel De Niro roedd y person go-iawn ar goll
yn y chwarae defodol. Roedd tymor yn dirwyn i ben,
ond arhosodd y medelwr mud drwy'r haf
i dorri cefn pob gwên a chloffi pob cam ymlaen.
Edrychaf yn ôl a rhyfeddu at y ffordd
y daeth y nerth i chwerthin yn ôl o rhywle
a baneri normalrwydd yn bloeddio o'r toeau:
'CROESO 'NÔL I REALITI!'
lle mae angen
canllaw ar y grisiau,
odlau mewn cerddi
a rheswm dros bopeth.

Deffroad

mae'r byd yn *gateau* siocled
mae'r byd yn ŵyl i gyd

mae'r byd yn dawnsio ar fyrdde sy'n siglo
mae'r byd yn ganhwylle rhufeinig
llyfre anodd sgidie newydd

mae'r strydoedd yn ferched
â chlustdlyse aur
â llygaid o arian
yn oriel fawr lunie
mae drych ym mhob ffrâm

mae'r byd yn *gateau* siocled
mae'r byd yn ŵyl i gyd

mae'r bysys yn rhedeg
mae'r glaw yn disgyn
mae'r coffi yn berwi
mae'r haul yn tywynnu
a rhyfeddaf, rhyfeddaf

sut feiddiaist ti'r haerllug
addo, gableddu
fod yn fwy fyth
na hyn oll i mi?

ZURE

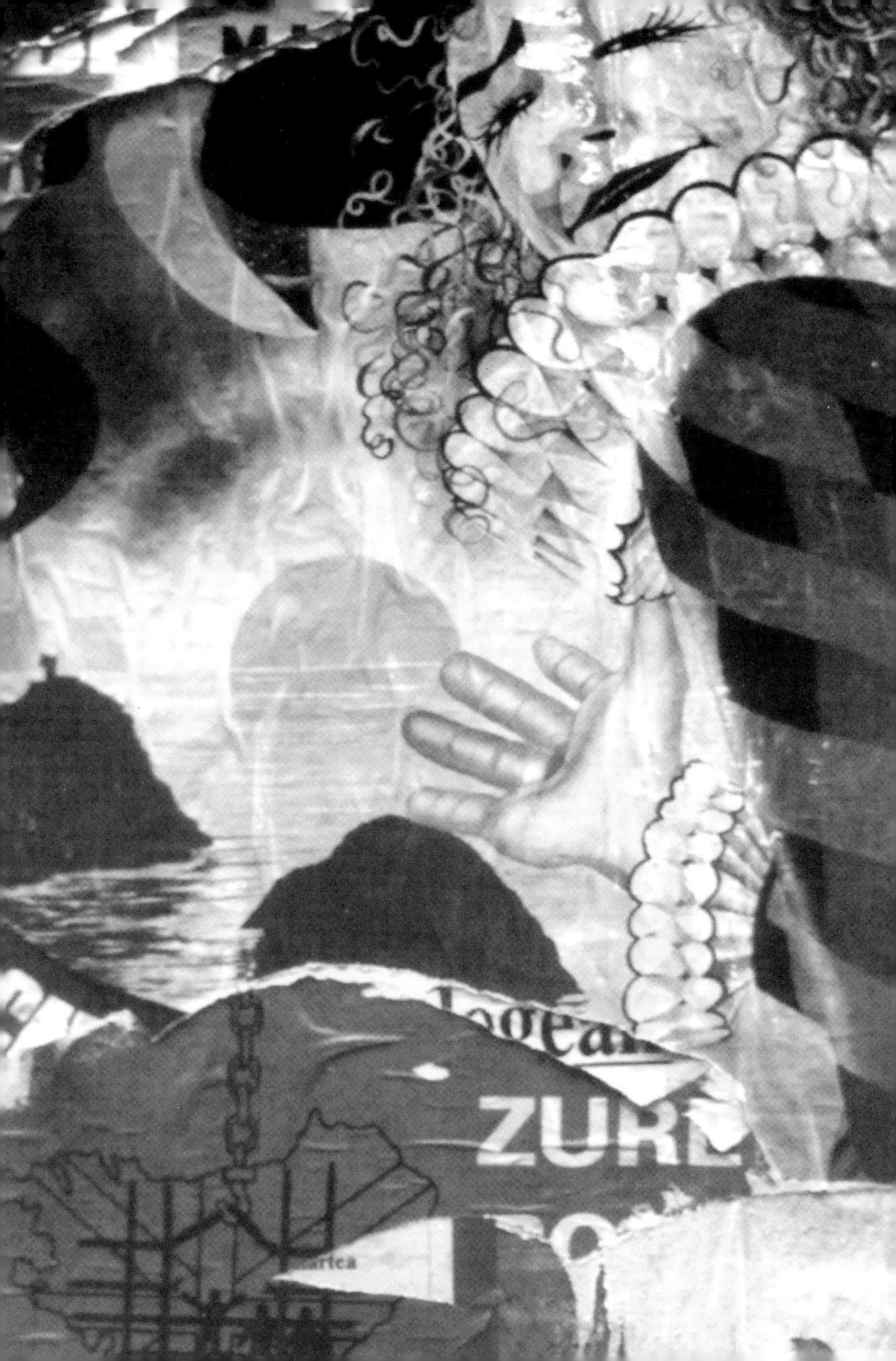

Lliw dy lygaid di

ddoi di ddim heno
i fyrddfrithio 'mreuddwydion

ddoi di byth eto
byth i sarnu y sêr fel eryr o aur

a heno
flwyddyn yn nes at y nos
ni chwyda 'run gigfran
ar fy nghalon i ti

daw eraill
i frithio 'mreuddwydion i
rywbryd

ond mor hwyr fel hyn
ym mhellafoedd heno

wnâi hi niwed i addef
(o'r diwedd, o'r diwedd)

pob gair gyffyrddaf i fy eryr
bydd arno bersawrau breuder

a phob cerdd a genais i erioed
fe'i lluniais â lliw dy lygaid di?

Drychiolaeth

mae'r lleuad las yn loyw rith
ar noson na ddisgwyliai loer
annirnad olau llathraidd brith
yn troelli yn ei llygad oer

anesmwyth wawl i welwi gŵr
na welsai leuad las erioed
a phrofa ddyheadau du
breuddwydion porffor ofer ffôl

a diawledigaeth deunaw oed
na ddaw er lloergan fyth yn ôl

Darnlun

Ddywedais i ddim byd llawer pan alwaist ti'r pnawn 'ma i ddweud na elwi, mae'n debyg, fyth eto. "O'r gore," medde fi a, "Hwyl fawr"; wedi'r cyfan

doedd y peth prin yn bwysig.

Gweithio wedyn wrth fwrdd yn yr hydref a diferion y glaw ar fân gwareli y ffenest, tra bo'r coed yn diferu dail y tu allan a'r chrysanthemwm ddaethost ti, neu rywun arall, imi

yn gwasgaru petalau bwrgwyn a melyn.

Darlun mewn darnau, yn mynd â fy sylw; ni allwn weithio.

Euthum allan. Digwydd imi daro Dafydd ap Gwilym, copi mawr clawr caled, oddi ar y bwrdd ac ar ben y teipiadur oedd ar lawr. Crensian anhyfryd y dannedd dur. Melltithiais. Ond doedd gen i ddim amynedd ychwaith i ddatrys dryswch yr allweddi. Eu gadael ar fin sillafu telegram diystyr. Euthum allan.

A chyn bo hir, plu dyheadau newydd yn disgyn, yn ysgafn,
yn ddarnau, o bob cyfeiriad, i bob cyfeiriad. Fel eira
annisgwyl mewn hydref.

Wedyn, oriau wedyn, gorwedd yn fy ngwely a gwylio'r
düwch.

Ac yn y nos sy'n consurio rhyw rith o gyfanrwydd, daw
tameidiau o sŵn trwy'r tywyllwch: gorwedd a gwrando ar doredig
leferydd allweddi'r teipiadur

sy'n datgan o'r diwedd eu telegram disynnwyr.

Disgyn yn gawod o ddur a llythrennau bob yn un yn ôl i
wyddor gyfan.

Hyn oeddwn i am iti ei glywed. Dyma dystiolaeth ein
hanghyfanrwydd, cyfannedd inni. Mae'n sŵn tebyg i law yn
disgyn. Sŵn neges heb synnwyr a sillafodd hap, teilchion
geiriau
unig gofnod ein lled-angerdd hydrefol
ein perffaith ddarnlun
yn ddigon yn ddarnau yn ddigon.

Robat Gruffudd
Sefydlydd Gwasg Y Lolfa, a'r ysbrydoliaeth y tu ôl i'r Gyfres Answyddogol. Mae'n nofelydd yn ogystal â bardd, ac enillodd ei nofelau, *Y Llosgi* a *Crac Cymraeg*, glod (a grantiau) gan y Sevydliad.

Tim Saunders
Awdur sydd bellach yn gyfieithydd ac ymchwilydd ar ei liwt ei hun. Mae'n ymddiddori yn y gyfraith, gwleidyddiaeth a'r ieithoedd Celtaidd. Ymhlith ei gyhoeddiadau mae *Teithiau*, *Cliff Preis - Gohebydd Arbennig*, a 'Geiriadur Modern Cernyweg-Llydaweg'.

Heini Gruffudd
Yn dipyn o ddarlithydd bellach, bu Heini'n weithgar gyda dysgwyr yn Abertawe, yn un o sefydlwyr *Wilia* a Thŷ Tawe, ac yn awdur llyfrau dysgu Cymraeg. Mae e'n weithgar yn awr gyda Rhieni dros Addysg Gymraeg yn Abertawe.

Gwyn Edwards
Mae'n byw yn Llanddeiniolen yn Arfon o fewn golwg i'r mynyddoedd, lle mae'n hoffi bod yn fwy na dim. Gweithiodd mewn llywodraeth leol am ugain mlynedd, ac mae'n gobeithio cael ei ryddhau yn ôl i mewn i gymdeithas ymhen rhyw ddeng mlynedd arall.

Siôn Aled
Mae bellach yn byw yn Melbourne, Awstralia ond yn dal mewn cysylltiad â'i famwlad trwy gyfrwng y We – ac yn dal i gael syniadau...

Carmel Gahan
Ganed yng Nghorc, Iwerddon yn 1954 yn un o 11 o blant o blant ac yn ferch i heddwas. Cafodd addysg uwchradd gysgodol mewn lleiandy, cyn mynd i Goleg Prifysgol Dulyn. Yn ddiweddar bu'n gyfarwyddwr i gwmni teledu Teliesyn ac i gwmni CD-Rom Palas Breuddwydion.

Gorwel Roberts
Ganwyd y bardd yn yr ardd heb annwyd (yn hoff o'i fwyd a physgod yn y rhwyd, heb anghofio'r abwyd!) heb ysbrydoliaeth i sgwennu barddoniaeth beth yw'r gwahaniaeth? Do, fe aeth.

cyfranwyr

Elin ap Hywel
Ganed ym Mae Colwyn yn 1962. Ers cyhoeddi *Pethau Brau*, bu'n gweithio mewn bar ar Ynysoedd yr Aran, yn astudio llenyddiaeth Gwrthryfel y Pasg, ac yn gweithio'n bennaf fel cyfieithydd a golygydd. Mae hi'n dal i farddoni – yn hynod o araf.

Cen Llwyd
Ganwyd yng Nghwrtnewydd, plwyf Llanwennog yn 1952. Ers hynny mae wedi byw yn ei fro enedigol yn bennaf, ac mae ar hyn o bryd yn gweithio i gymdeithas dai Cantref yng Nghastellnewydd Emlyn. Rhoddodd y gorau i alw ei hun yn fardd ar ôl darllen adolygiad Alan Llwyd o'i gyfrol answyddogol.

Casi Jones
Ganwyd yn Salamanca, Sbaen, a'i magu yn Llwynpiod, Sir Aberteifi. Astudiodd Athroniaeth ym Mangor, a Diwinyddiaeth yn Aberystwyth. Mae'n weinidog gydag Eglwys Bresbyteraidd Cymru, yn wraig i Lloyd, ac yn fam i Dafydd Mackenzie.

Lleucu Morgan
Yn enedigol o ardal Llandre yng Ngheredigion, mae hi bellach yn byw yn Rhostryfan gyda'i gŵr a thri o blant. Mae'n fam llawn-amser ac yn gweithio fel sgriptiwr teledu a chyfieithydd ar ei liwt ei hun. Nid yw ysgrifennu'n greadigol yn uchel ar ei rhestr blaenoriaethau ar hyn o bryd, ond mae'r llyfr bach syniadau yn dechrau dod nôl i ddefnydd.

Iwan Morus
Ers graddio mewn Hanes ac Athroniaeth Gwyddoniaeth yn 1985, mae wedi bod yn gymrawd ymchwil yng Nghaergrawnt a San Diego. Mae bellach yn ddarlithydd mewn Hanes Gwyddoniaeth ym Mhrifysgol Belffast.

Derec Tomos
Wedi deng mlynedd gynhyrchiol (12 cyfrol) prin fu'r sôn am Derec Tomos ers ymweliad y Pab â Chymru. Bu am gyfnod yn Libya, cyn dychwelyd i Lundain ble bu'n 'chwarae'r farchnad stoc'. O'i fflat yng Nghensington mae'n cadw cysylltiad achlysurol â rhai o'i hen gronis.

Sheelagh Thomas-Christensen
Brodor o Aberystwyth sydd bellach yn briod â Daniad ac yn byw yng Nghopenhagen. Gweithiodd am flynyddoedd yn y byd cyhoeddi yn Llundain, ac mae bellach yn gweithio fel ysgrifennydd copi i Brüel & Kjær. Ysgrifennodd lyfr i blant yn ddiweddar, sef, *Morus yr Ystlum* yn y gyfres Llyfrau Llawen.

cyfranwyr

Iwan Llwyd
Wedi ei eni yng Ngharno, Powys, ond yn byw ers rhai blynyddoedd bellach yn Nhalybont, Bangor. Mae'n awdur pedair cyfrol o farddoniaeth, y ddiweddaraf, *Dan Ddylanwad*, wedi ei gwobrwyo fel Llyfr y Flwyddyn gan Gyngor Celfyddydau Cymru. Mae hefyd yn chwarae'r gitâr fas i Steve Eaves a Geraint Lovegreen.

Lona Llewelyn Davies
Magwyd yn Rhydaman a Llandysul. Aeth i'r Brifysgol yn Aberystwyth cyn mynd i weithio fel ychwilydd i'r BBC, ac yna HTV. Mae hi bellach yn gynhyrchydd rhaglenni plant i gwmni teledu Apollo.

Fryen ab Ogwen
Ganed Brian Rees yn Nhreforus, Abertawe yn 1941, yng nghanol y blitz. Cafodd ei addysgu yn ysgol Dinefwr cyn cael ei daflu allan. Aeth ymlaen i Borstal a charcharau Abertawe a Dartmoor i gwblhau ei addysg, oherwydd yno y dysgodd Gymraeg. Dathlodd hynny trwy newid ei enw.

John Rowlands
Ganed yn 1947 a magwyd yn Llanrhystud ac Aberystwyth. Cynt yn athro celf yn Buxton, Ystradgynlais ac Aberystwyth. Wedyn yn swyddog celf, Adran Addysg, Amgueddfa Genedlaethol Cymru (sic). Nawr yn beirianegydd teuluol (trwyddedig) yn Nhremadog.

Steve Eaves
Bardd a chanwr. Cyhoeddodd y gyfrol *Noethni* yn 1983, ac ers hynny mae wedi cyhoeddi sawl casgliad o ganeuon gyda'i fand. Bu'n un o griw o feirdd a cherddorion a gyd-gyflwynodd gerddi a chaneuon gerbron cynulleidfaoedd mewn tafarnau a chlybiau ar deithiau barddol achlysurol, yn cynnwys 'Y Felan a Finnau', a oedd ar daith yn gynharach eleni. Ar hyn o bryd mae'n recordio casgliad newydd o'i ganeuon i'w gyhoeddi gan Sain cyn hir.

Martin Davis
Mae Martin bellach yn gyfieithydd ac yn awdur/sgriptydd llawn-amser ac mae wedi cyhoeddi nifer o gyfrolau rhyddiaith i oedolion, plant, a phobl ifainc. Deil i farddoni o bryd i'w gilydd. Bu'r cyfle a gafodd drwy Gyfres y Beirdd Answyddogol yn hwb mawr i'w hyder creadigol.

Cris Dafis
Yn wreiddiol o Lanelli, symudodd o gwmpas Cymru ers graddio mewn Cymraeg yn y Brifysgol yn Aberystwyth. Bu'n gweithio gyda Radio Cymru, cyn cael swydd fel cynhyrchydd gyda'r BBC yng Nghaerdydd.

cyfranwyr

ALUN LLWYD
Magwyd yn Wrecsam ac aeth i'r Brifysgol yn Aberystwyth. Ers cyhoeddi ei gyfrol *Blwyddyn a 'chydig*, bu'n Gadeirydd Cymdeithas yr Iaith Gymraeg, yn gyfarwyddwr cwmni Ankst, ac mae bellach yn reolwr i'r grwpiau Super Furry Animals a Gorky's Zygotic Mynci.

IFOR AP GLYN
Ganwyd Ifor yn 1961 yn Llundain, a'i uchelgais yw rhedeg marathon a sgwennu nofel (ond nid ar yr un pryd) cyn iddo...

DAVID R EDWARDS
Mae David ar hyn o bryd yn byw yn ei dref enedigol, sef Aberteifi, ac mae'n dal i farddoni o dro i dro.

DAVID GREENSLADE
Dysgwr sydd wedi cyhoeddi yn y Gymraeg, Catalaneg, Gaeleg, Siapanaeg a Saesneg. Condemniwyd ei gyfrol *Burning Down the Dosbarth* yn *Books in Wales* fel a ganlyn: 'The volume is unofficial, uncrafted and most likely unread.' Ni rwystrodd hyn lwyddiant a gwerthiant y llyfr, a ail argraffwyd, ac aeth y bardd ymlaen i gyhoeddi dwy gyfrol o farddoniaeth yn 1998, sef *Yr Wyddor* a *March*.

ELIN LLWYD MORGAN
Bardd, awdur, cyfieithydd, adolygydd, newyddiadurwraig a chyn-olygydd Y Lolfa. Treuliodd bron i ddeng mlynedd ar hugain ar felt symudol rhwng Aberystwyth, Caernarfon a Sir Fôn, ond erbyn hyn mae'n byw yng Nglyn Ceiriog ger Llangollen. Ffan ffilmiau a llyfrbryf sydd ar hyn o bryd yn fam amser llawn.

MERERID PUW DAVIES
Magwyd yn Sir Gaerhirfryn a Chlwyd, ond ers rhai blynyddoedd bellach bu'n rhannu ei hamser rhwng Rhydychen a'r Cyfandir. Mae'n gwneud ymchwil ffeministaidd i lenyddiaeth Almaeneg, ac mae ar fin dechrau darlithio yng Ngholeg y Brifysgol, Llundain. Enillodd Fedal Lenyddiaeth a Choron Eisteddfod yr Urdd.

COFIWCH bod y Gyfres Answyddogol yn dal mewn print – felly os hoffech ymgyfarwyddo ymhellach â gwaith un neu fwy o'r beirdd, holwch yn eich siop leol, neu cysylltwch â ni. Mae ein Catalog lliw yn cynnwys rhestr gyflawn o'r teitlau sydd ar gael. Mynnwch gopi – mae'n rhad ac am ddim – neu hwyliwch i mewn iddo ar y We Fyd-eang.